四川美术学院学术出版基金资助

—

教育部人文社会科学研究规划基金项目
"重庆地区唐宋摩崖造像的田野调查与图像研究"
资助(20YJA760024)

—

2021年度重庆市艺术科学研究
规划项目(21YB02)

图像的改造与重生
大足与安岳宋代护法神像研究

刘静 著

重庆大学出版社

图书在版编目(CIP)数据

图像的改造与重生：大足与安岳宋代护法神像研究 /
刘静著. -- 重庆：重庆大学出版社，2024.3
ISBN 978-7-5689-4373-4

Ⅰ.①图… Ⅱ.①刘… Ⅲ.①神—雕塑像—研究—大
足区—宋代②神—雕塑像—研究—安岳县—宋代 Ⅳ.
①B933

中国国家版本馆CIP数据核字(2024)第045033号

图像的改造与重生：大足与安岳宋代护法神像研究
TUXIANG DE GAIZAO YU CHONGSHENG:
DAZU YU ANYUE SONGDAI HUFA SHENXIANG YANJIU

刘 静 著
策划编辑：席远航
责任编辑：黄菊香 版式设计：席远航
责任校对：关德强 责任印制：赵 晟
*
重庆大学出版社出版发行
出版人：陈晓阳
社址：重庆市沙坪坝区大学城西路 21 号
邮编：401331
电话：(023)88617190 88617185(中小学)
传真：(023)88617186 88617166
网址：http://www.cqup.com.cn
邮箱：fxk@cqup.com.cn(营销中心)
全国新华书店经销
印刷：重庆愚人科技有限公司
*
开本：720mm×1020mm 1/16 印张：13.25 字数：186千
2024年3月第1版 2024年3月第1次印刷
ISBN 978-7-5689-4373-4 定价：68.00元

目　录

绪

论

四川①地处丝绸之路南北两线的交会点，佛教艺术源远流长，开凿于东汉时期的乐山崖墓已发现了中国最古老的佛教造像之一"结跏趺坐"造像。护法神像出现的时间也较早，南梁时期的成都万佛寺佛教造像碑上就有天王像侍立于两旁。

北方经历唐代武宗会昌灭佛和五代后周世宗灭佛之后，佛教造像活动逐渐走向衰落，而四川却因独立的地理位置优势和富庶发达的经济，在中晚唐时期成为中国佛教造像的又一重点区域。李唐两代皇帝

① 现行行政区划中，安岳县归属四川省，大足区归属重庆市。唐宋时期，大足、安岳同属梓州。唐时梓州归属剑南道。宋初四川地区设置西川、峡二路，梓州归属西川路（治所在益州，今成都）；咸平四年（1001年），西川路分为益州、利州两路，峡路分为梓州、夔州两路，合称"川峡四路"，简称"四川"。鉴于大足、安岳在本书所涉的时间段中同属一路，而且"四川"一名在当时已经出现，因此本书中一律称为"四川大足/安岳"，不考虑现行四川、重庆之分。

（玄宗和僖宗）入川避难，带来大批中原工匠画师①，四川佛教造像活动就此进入全面发展阶段。

两宋期间，北方的佛教造像活动发展相对缓慢，仅在敦煌和陕北地区有一定程度的发展。四川的佛教造像活动不仅没有停止，而且在形式风格上有长足发展，可谓是四川佛教造像的第二个高潮，其造像数量之多、艺术水平之高，使之当之无愧地成为中国佛教造像的中心，大足、安岳地区现存的佛教造像便是其中的精华。

大足石窟的营建最早可追溯至初唐，县境内的尖子山石窟保留有永徽元年（650年）的纪年。大规模佛教造像活动始于晚唐。唐光启元年（885年）至南宋末年，大足为昌州州治所在地。昌州刺史韦君靖于唐昭宗景福元年（892年）在大足北山营建军寨，开窟造像，开启大规模造像的第一阶段。五代为大足造像的第二阶段，开窟活动依然集中在北山。大足造像的第三阶段从北宋元丰年间持续至南宋绍兴、乾道年间（1078—1173年），这一时期，中、小型石窟在大足各地持续出现，如石篆山、石门山、南山、北山多宝塔等，造像内容更加丰富，甚至出现了三教造像。南宋淳熙至淳祐年间（1174—1252年），赵智凤营建的宝顶山密宗道场将大足造像推向高潮，其规模之大、造像之丰富冠绝一时。

安岳石窟造像的最早记录可追溯至隋代②，有确切年代的造像题记（卧佛院第50龛）最早为唐开元十一年（723年），从安岳地区的石窟分布可窥见四川唐宋时期石窟造像的区域转移。初唐、盛唐时期的造

① 北宋李畋在《益州名画录》序言中写道："唐二帝播越及诸侯作镇之秋，是时画艺之杰者，游从而来，故其标格楷模，无处不有。"（黄休复. 益州名画录[M]. 何韫若，林孔翼，注. 成都：四川人民出版社，1982：1.）北宋文同《彭州张氏画记》载："蜀自唐二帝西幸，当时随驾以画待诏者皆奇工，故成都诸郡寺宇所存诸佛、菩萨、罗汉等像之处，虽天下能号古迹多者，尽无如此地所有矣。"（文同. 成都府运判厅燕思堂记[M]//新刻石室先生丹渊集：卷23. 台北：学生书局，1973.）

② 王象《舆地纪胜》卷一百五十八载碑记："《郡北小千佛院记》。《普慈志》：在开皇十三年（593年）。"王象之. 舆地纪胜：六[M]. 北京：中华书局，1992：4303.

像，如卧佛院、玄妙观、黄桷大佛、千佛寨等均分布在西北部；中晚唐、五代时期开凿的龛窟，如圆觉洞、净慧岩、庵堂寺等分布在中部，呈现向南发展的趋势；毗卢洞、华严洞、茗山寺等两宋时期的龛窟则位于南部的石羊镇。石羊镇虽然在行政区划上属于安岳县，但是在实际距离上更接近四川两宋时期的佛教造像中心大足。

诚然，四川其他地区在两宋时期仍有造像活动，但其龛窟规模、造像数量、题材种类均无法与大足、安岳地区相提并论。

鉴于四川造像在宋代造像中的重要性，以及大足、安岳造像在四川造像图版中的核心地位，选择大足、安岳造像为研究对象，无疑是切入宋代佛教图像研究的重要途径。

大足、安岳地区的宋代造像有其独特之处：既出现了一些独特的地方题材，如柳本尊十炼图，也出现了独特的造像组合方式，如儒释道三教合一龛。这些特征体现了鲜明的地域特色，同时也反映了唐宋时期中国佛教艺术发展的方向与成果。

护法神是神祇谱系中地位较低的神，但是其研究价值并不亚于佛、菩萨等级别更高的神。以天王为例，作为佛教的护法神，其图像在3—4世纪的佛传浮雕中就已经出现。在中国佛教艺术中，以天王为主的护法神像也是非常重要的一类神像。它们数量众多，仅敦煌莫高窟就有近250个窟中有天王像；分布地域广泛，从东北到西南、从西北到东南，重要的石窟遗址几乎都有天王像；护法神像发展的延续性强，从中亚传入中原后，在每个时代都能找到天王、力士等护法神像，而且它们往往会出现新的特点。因此，以天王为主的护法神像是研究较长时段、较广地域的中国佛教艺术的好题材。唐代中期以后，由于中央政府的倡导和密宗的流行，天王信仰逐渐发展起来。相应地，一批和四天王有关的陀罗尼经也被翻译成汉文，其中明确规定了天王像的仪轨。唐代成为天王像的造像高峰，唐宋时期的很多天王像都是雕塑史上的杰出作品。和佛像、菩萨像相比，天王像的风格鲜明、变化丰富。

天王像的演变呈现出一条清晰的脉络。天王像进入中国后，与中国已有的门神、镇墓兽等本土宗教艺术在概念上交叉，在形式上类似，随之与它们相互影响、积极融合，并且直接影响道教艺术中护法四圣像的产生。因此，对天王像的考察能够为我们提供一条考察多种文化碰撞、交融过程的途径。

除天王像外，大足、安岳的造像中还包括多种护法神像题材与组合类型，它们普遍出现于各种题材的龛窟之中，一方面继承了唐代造像的特点，另一方面又体现出宋代的新风格，为研究提供了扎实的材料支撑。

何为护法神？据陈义孝编《佛学常见词汇》，护法神为守护正法和行者的善神①。这一定义也可适用于道教护法神。具体到四川宋代造像最集中的大足、安岳地区，造像遗存中可见的护法神包括天王、力士、十二药叉大将等佛教护法神，北极四圣等道教护法神，以及难以准确命名的其他护法神将。文献与考古材料调查显示，大足、安岳地区有60多个龛窟中保存有护法神像。

从20世纪初西方探险家的中亚考察开始，护法神就已进入宗教艺术研究的视野，在之后的一个世纪中，诸多东西方学者涉猎过该题目。梳理文献可知：他们的研究时段集中在唐和唐以前；研究地域集中在西域、敦煌、洛阳和四川四个地区；以天王像为研究热点，尤其是毗沙门天王；研究方法主要是图像学和风格分析；而四川的护法神像研究有待进一步深入，其中专题研究多，相对全面的综合性研究较少，涉及唐、五代造像的研究多，宋代护法神像研究少。基于以上关于学术史的认识，本书研究致力于以下两个目标。

一是在微观层面上考证大足、安岳各类护法神像的图像特征，分多个阶段对考古材料展开研究。首先是调查阶段。通过文献调查，摸清四川宋代护法神像的基本情况，然后到现场核实、补充材料，并照相

---

① 陈义孝. 佛学常见词汇[M]. 银川：宁夏人民出版社，1994：177.

记录，建立完整的数据库。为此，笔者先后四次前往大足、安岳考察，研究中涉及的陕北、甘肃敦煌、河南、云南等地的石窟造像，也尽可能亲自访问，力图搜集第一手研究材料。其次是初步研究。用类型学方法对材料加以梳理，依据造像身份、位置、组合方式、图像特征等厘清造像的整体状况。最后是深入分析阶段。用图像学方法定义各类护法神像、解释其含义，并且通过图像比较，分析护法神像的特征，厘清这类造像的演变过程。

　　二是在宏观层面上分析护法神像反映的宗教、政治与文化交流等相关层面的发展变化，透过造像探索"唐宋变革"。结合考古材料与文献研究，力图梳理出四川宋代护法神像的背景，从信仰的层面窥探社会结构与文化的变迁。

第一章

护法神像调查

第一节　护法神像调研统计

依据考古报告记载与实地考察记录，大足、安岳地区50多个宋代龛窟中发现有护法神像，本节将按照地域整理其信息，以图文并列方式记录（图1.1—图1.53）。另有少量龛窟因造像漫漶或难以访问，仅具文字记录，归入表1.1。

（一）大足北山护法神像统计

地区：大足
石窟：北山佛湾
窟/龛号：107
主尊/主题：药师佛
护法：十二药叉大将

图1.1 大足北山佛湾第107龛十二药叉大将

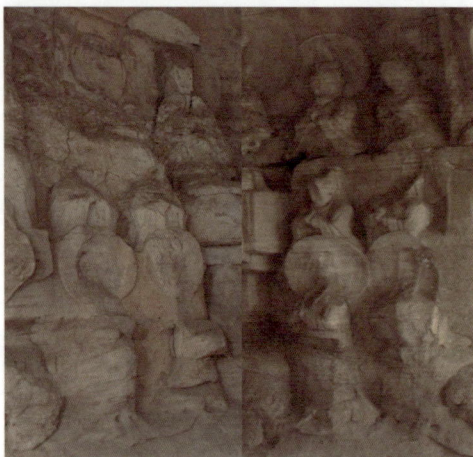

地区：大足
石窟：北山佛湾
窟/龛号：110
主尊/主题：药师佛
护法：十二药叉大将

图1.2 大足北山佛湾第110龛十二药叉大将

地区：大足
石窟：北山佛湾
窟/龛号：130
主尊/主题：摩利支天
护法：八大金刚力士

图1.3 大足北山佛湾第130龛八大金刚力士

地区:大足
石窟:北山佛湾
窟/龛号:133
主尊/主题:水月观音
护法:四天王

图1.4 大足北山佛湾第133龛四天王

地区:大足
石窟:北山佛湾
窟/龛号:136
纪年:绍兴十二年至十五年(1142—1145年)
主尊/主题:释迦牟尼转轮经藏
护法:二金刚力士

图1.5 大足北山佛湾第136窟二金刚力士

地区：大足
石窟：北山佛湾
窟/龛号：147
主尊/主题：药师佛
护法：十二药叉大将

图1.6　大足北山佛湾第147龛十二药叉大将

地区：大足
石窟：北山多宝塔
窟/龛号：146、148
主尊/主题：释迦牟
尼佛
护法：二金刚力士

图1.7　大足北山多宝塔第146、148龛二金刚力士

地区：大足
石窟：北山多宝塔
主尊/主题：多宝塔
护法：托座力士（八角）

图1.8　大足北山多宝塔托座力士

图1.9　大足北山多宝塔第64龛二密迹金刚

地区:大足
石窟:北山多宝塔
窟/龛号:64
主尊/主题:释迦牟尼涅槃图
护法:二密迹金刚

图1.10　大足北山多宝塔第75龛二护法神将

地区:大足
石窟:北山多宝塔
窟/龛号:75
主尊/主题:护法神将
护法:二护法神将

(二)大足宝顶护法神像统计

图1.11　大足宝顶大佛湾第2龛九护法神将

地区:大足
石窟:宝顶大佛湾
窟/龛号:2
主尊/主题:护法神将
护法:九护法神将

地区:**大足**
石窟:宝顶大佛湾
窟/龛号:8
主尊/主题:千手千眼观音
护法:二托座力士

图1.12　大足宝顶大佛湾第8龛二托座力士(左)①

地区:**大足**
石窟:宝顶大佛湾
窟/龛号:10
主尊/主题:佛传
护法:四天王

图1.13　大足宝顶大佛湾第10龛四天王

地区:**大足**
石窟:宝顶大佛湾
窟/龛号:11
主尊/主题:释迦牟尼涅槃图
护法:密迹金刚/四天王

图1.14　大足宝顶大佛湾第11龛密迹金刚(上)、四天王(下)

① 图引自大足石刻研究院.大足石刻[M].重庆:重庆出版社,2012:108

地区:大足
石窟:宝顶大佛湾
窟/龛号:12
主尊/主题:九龙浴
太子
护法:二天王

图1.15 大足宝顶大佛湾第12龛二天王

地区:大足
石窟:宝顶大佛湾
窟/龛号:14
主尊/主题:毗卢道场
护法:四天王/四托座
力士/二天王

图1.16 大足宝顶大佛湾第14窟四天王(上)、四托座力士
(中)、二天王两组(下)

地区：大足
石窟：宝顶大佛湾
窟/龛号：17
主尊/主题：大方便佛报
恩经变相
护法：四天王

图1.17　大足宝顶大佛湾第17龛四天王

地区：大足
石窟：宝顶大佛湾
窟/龛号：21
主尊/主题：柳本尊十炼图
护法：四天王/二天王/二
侍卫

图1.18　大足宝顶大佛湾第21龛四天王(上)、二天王(下左
一、左二)、二侍卫(下左三、左四)

地区：大足
石窟：宝顶小佛湾
窟/龛号：3
主尊/主题：毗卢遮那佛
护法：四天王（现存二尊）/二护法神将（移自他处）

图1.19　大足宝顶小佛湾第3窟四天王（左）、
二护法神将（右）

地区：大足
石窟：宝顶小佛湾
窟/龛号：4
主尊/主题：毗卢遮那佛
护法：一护法金刚

图1.20　大足宝顶小佛湾第4窟一护法金刚

地区：大足
石窟：宝顶小佛湾
窟/龛号：9
主尊/主题：毗卢遮那佛/柳本尊十炼图
护法：四天王

图1.21　大足宝顶小佛湾第9窟四天王

地区：大足

石窟：宝顶小佛湾

窟/龛号：9

主尊/主题：毗卢遮那佛

护法：四护法神将/八

胁侍

图1.22　大足宝顶小佛湾第9窟四护法神将（上）与八胁

侍（下）

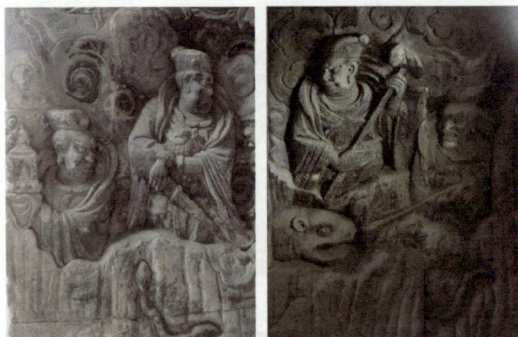

地区：大足

石窟：宝顶小佛湾

窟/龛号：9

主尊/主题：释迦舍利宝

塔禁中应现之图

护法：四天王

图1.23　大足宝顶小佛湾第9窟四天王

地区：大足

石窟：宝顶圣寿寺

主尊/主题：灌顶井窟

护法：四护法神将

图1.24　大足宝顶圣寿寺灌顶井窟四护法神将

图 1.25 大足宝顶仁功山转法轮塔(左)、塔上天王(右)

地区:大足
石窟:宝顶仁功山
主尊/主题:转法轮塔
护法:四力士/四天王

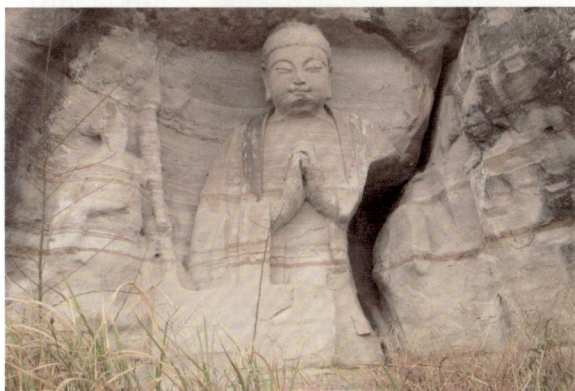

图 1.26 大足宝顶龙头山第 1 龛二护法神将

地区:大足
石窟:宝顶龙头山
窟/龛号:1
主尊/主题:毗卢遮那佛
护法:二护法神将

图 1.27 大足宝顶龙头山第 2 龛一护法神将与四胁侍

地区:大足
石窟:宝顶龙头山
窟/龛号:2
主尊/主题:护法神将
护 法:一护法神将/四
胁侍

地区：大足

石窟：宝顶珠始山

主尊/主题：毗卢遮那佛

护法：八护法神将

图1.28　大足宝顶珠始山八护法神将

地区：大足

石窟：宝顶菩萨堡

主尊/主题：毗卢遮那佛

护法：一护法神将/二胁侍

图1.29　大足宝顶菩萨堡一护法神将与二胁侍①

（三）大足石篆山护法神像统计

地区：大足

石窟：石篆山

窟/龛号：6

纪年：元祐三年

（1088年）

主尊/主题：孔子十哲

护法：二护法神将

图1.30　大足石篆山第6龛二护法神将

---

①　图片引自李静杰.大足宝顶山南宋石刻造像组合分析［C］//大足石刻研究院.2014年大足学国际学术研讨会论文集，2014：33.

地区：大足
石窟：石篆山
窟/龛号：7
纪年：元丰五年
（1082年）
主尊/主题：三佛十弟子
护法：二托座力士/二金刚力士

图1.31　大足石篆山第7龛二托座力士（上）、二金刚力士（下）

地区：大足
石窟：石篆山
窟/龛号：8
纪年：元丰六年
（1083年）
主尊/主题：老君十真
护法：二护法神将

图1.32　大足石篆山第8龛二护法神将

地区：大足
石窟：石篆山
窟/龛号：9
纪年：绍圣三年
（1096年）
主尊/主题：地藏十王
护法：二护法力士

图 1.33　大足石篆山第 9 龛二护法力士

地区：大足
石窟：石篆山
窟/龛号：11
主尊/主题：炽盛光佛
十一活曜
护法：二天王

图 1.34　大足石篆山第 11 龛二天王

地区：大足
石窟：石篆山
主尊/主题：佛会常住塔
护法：四天王

图 1.35　大足石篆山佛会常住塔四天王

(四)大足石门山护法神像统计

地区:大足

石窟:石门山

窟/龛号:1

纪年:绍兴二十一年

(1151年)

主尊/主题:药师佛

护法:十二药叉大将

图1.36　大足石门山第1龛十二药叉大将

地区:大足

石窟:石门山

窟/龛号:2

纪年:绍兴十七年

(1147年)

主尊/主题:玉皇大帝

护法:千里眼与顺

风耳

图1.37　大足石门山第2龛千里眼与顺风耳

图1.38　大足石门山第6窟四天王

地区：大足
石窟：石门山
窟/龛号：6
纪年：绍兴十一年
（1141年）
主尊/主题：西方三圣
十圣观音
护法：四天王

图1.39　大足石门山第10窟北极四圣

地区：大足
石窟：石门山
窟/龛号：10
主尊/主题：三官
护法：北极四圣

（五）大足其他地区护法神像统计

地区：大足
石窟：南山
窟/龛号：6
主尊/主题：道教三尊神
护法：北极四圣

图1.40　大足南山第6窟北极四圣

地区:大足

石窟:舒成岩

窟/龛号:1

纪年:绍兴二十三年
（1153年）

主尊/主题:淑明皇后

护法:一护法神将

图1.41　大足舒成岩第1龛一护法神将

地区:大足

石窟:舒成岩

窟/龛号:3

主尊/主题:紫微大帝

护法:北极四圣

图1.42　大足舒成岩第3龛北极四圣

地区：大足
石窟：玉滩
窟/龛号：2
主尊/主题：孔雀明王
护法：四天王/二天王

图1.43　大足玉滩第2龛四天王（上）、二天王（下左、下中）

地区：大足
石窟：玉滩
窟/龛号：4
主尊/主题：天王
护法：一天王

图1.44　大足玉滩第4龛一天王

图 1.45　大足峰山寺第 10 龛一天王

地区：大足
石窟：峰山寺
窟/龛号：10
主尊/主题：天王
护法：一天王

图 1.46　大足普圣庙第 1 龛二天王（左）、二侍卫（右）

地区：大足
石窟：普圣庙
窟/龛号：1
主尊/主题：柳本尊
护法：二天王/二侍卫

（六）安岳护法神像统计

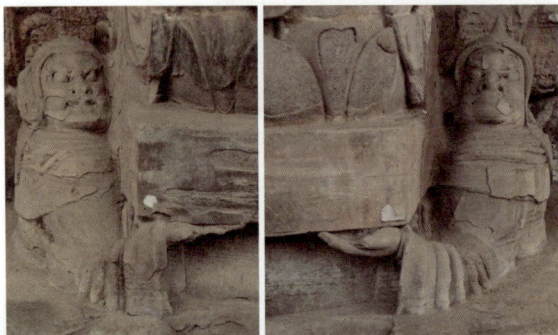

地区：安岳
石窟：毗卢洞
窟/龛号：8
主尊/主题：毗卢遮那佛/柳本尊十炼图
护法：二托座力士/四天王/二天王/二侍卫

图1.47 安岳毗卢洞第8龛二托座力士（上）、四天王（中）与二天王、二侍卫（下）

地区:安岳
石窟:华严洞
主尊/主题:华严三圣/
圆觉经
护法:四天王

图1.48 安岳华严洞四天王

地区:安岳
石窟:茗山寺
窟/龛号:12
主尊/主题:护法神将
护法:一护法神将

图1.49 安岳茗山寺第12龛一护法神将

地区:安岳
石窟:茗山寺
窟/龛号:12
主尊/主题:护法神将
护法:九护法神将

图1.50 安岳茗山寺第12龛九护法神将

地区：安岳

石窟：茗山寺

窟/龛号：1

主尊/主题：佛道合龛

护法：一托座力士

图1.51　安岳茗山寺第1龛一托座力士

地区：安岳

石窟：高升大佛岩

窟/龛号：2

主尊/主题：华严三圣

护法：二天王

图1.52　安岳高升大佛岩第2龛二天王①

① 图引自四川大学考古学国家级实验教学示范中心，成都文物考古研究院，安岳县文物
局.四川安岳高升大佛寺、社皇庙、雷神洞摩崖造像调查简报[J].文物，2018(6)：
80-91.

地区：安岳
石窟：孔雀洞
窟/龛号：1
主尊/主题：孔雀明王经变
护法：二天王/四天王

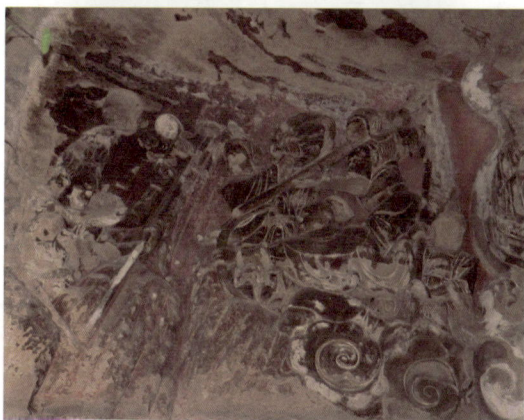

图1.53　安岳孔雀洞第1窟二天王（上）、四天王（下）

　　另有数龛现状漫漶或改刻严重，甚至已不存，依据《大足石刻内容总录》①《大足石刻铭文录》②《安岳石窟艺术》③等资料，将其基本情况统

---

① 四川省社会科学院，大足县政协，大足县文物管理所，等. 大足石刻内容总录[M]. 成都：四川省社会科学院出版社，1985. 后文简称《总录》。

② 重庆大足石刻艺术博物馆，重庆市社会科学院大足石刻艺术研究所. 大足石刻铭文录[M]. 重庆：重庆出版社，1999. 后文简称《铭文录》。

③ 刘长久. 安岳石窟艺术[M]. 成都：四川人民出版社，1997.

计如表1.1所示。

表1.1　大足、安岳护法造像统计（无图部分）

地区	石窟	窟/龛号	纪年	主尊/主题	护法像
大足	石壁寺	圆雕	大中祥符六年（1013年）	毗沙门天王	毗沙门天王
大足	陈家岩	2	—	七佛	二天王
大足	北山佛耳岩	19	—	佛道合龛	二力士
大足	北山观音坡	24	—	佛	二扶座力士
大足	北山观音坡	25	—	一佛二弟子二菩萨	一力士
大足	北山观音坡	31	—	天王	一天王
大足	佛安桥	1	—	一佛二菩萨	二力士
大足	佛安桥	4	—	力士	一力士
大足	佛安桥	7	—	三佛二弟子	二天王
大足	佛安桥	9	—	力士	一力士
大足	佛安桥	13	—	二天王	二天王
安岳	木鱼山	19	—	佛道合龛	二天王

第二节　护法神像类型的初步分析

从表1.1可看出四川宋代护法神像呈现以下特征。

首先，类型丰富。

护法神像包括天王、十二药叉大将、金刚力士、托座力士等多种形式，天王像有四天王、二天王、独尊毗沙门天王等多种组合方式。

其次，传统护法神像类型出现减少或消失的现象。

毗沙门天王是唐代四川常见的护法神像题材，现存唐、五代时期造像共计37龛,现存宋代造像1龛,分布于邛崃、夹江、巴中、资中、大足、安岳等地①,如大足北山佛湾就保留有两尊毗沙门天王像。

再次,密宗道场护法神像增多。

以大足宝顶为中心,大足、安岳在南宋时期开凿了一系列受到柳本尊教义影响的密宗石窟。在此类石窟的入口和周边结界区,雕凿有一批具有独特风格的护法神像,成为四川宋代护法神像的特色之一。

最后,三教护法神像出现。

三教护法神像是两宋时期四川石窟的显著特征之一。仿效佛教龛窟以天王、力士为护法神,道教、儒教龛窟也创造出各自的护法神像。道教龛窟中最常见的是北极四圣,此外还有千里眼、顺风耳等,孔子龛窟则配以汉地武士形象的护法神。这一特征在大足石篆山尤为突出。

以下各章将分别讨论各类型护法神像。

---

① 樊珂.四川地区毗沙门天王造像研究[D].成都:四川大学,2007:15-16.此统计未计入石壁寺单尊造像(残)。

　　丁福保《佛学大辞典》解释天王（即四天王）为帝释之外将。须弥山之半腹有一山，名由犍陀罗。山有四头，四王各居之，各护一天下，因之称为护世四天王。其所居云四天王，是六欲天之首。四天王各有名号——东方持国天（Dhṛitarāṣṭra）、南方增长天（Virūḍhaka）、西方广目天（Virūpākṣa）、北方多闻天（Dhanada 或 Vaiśramaṇa）。四天王麾下各有部属，《长阿含经》曰："东方天王，名多罗吒，领乾闼婆及毗舍阇神将，护弗婆提人。南方天王名毗琉璃，领鸠槃荼及薜荔神，护阎浮提人。西方天王名毗留博叉，领一切诸龙及富单那，护瞿耶尼人。北方天王名毗沙门，领夜叉罗刹将，护郁单越人。"[1]

　　力士可分为两类，一类为金刚力士（Vajrapāṇi 或 Vajradhara），又名执金刚、金刚夜叉、密迹金刚等，为执金刚杵护持佛法的天神。《楞伽

---

[1]　丁福保.佛学大辞典[M].台北：财团法人佛陀教育基金会，2002：755.

经》曰："金刚力士，常随侍卫。"①另一类是托座力士，即大力之士，拘尸那城有力士一族（malla），《长阿含经》中译名为"末罗"，《大般涅槃经》中译名为"力士"。佛涅槃时，力士扛棺椁。②

天王、力士像是佛教中最常见的护法神像。依据上一章的统计，大足、安岳地区有40多个龛窟中雕凿有天王、力士像。为厘清它们的特点和发展脉络，本章将对其展开分类研究。

依据天王、力士在龛窟中的角色与地位，大足、安岳地区的天王、力士像可分为三类：一是作为龛窟主尊的天王、力士像；二是在叙事图像中的天王、力士像；三是在仪仗图像中的天王、力士像。

第一节　作为龛窟主尊的天王、力士像

此类造像最典型的龛窟是玉滩第4龛和峰山寺第10龛。

（一）玉滩第4龛

正壁主尊为一护法神像，左右壁各站立一侍从（图1.44）。

主尊为坐像，高约1米，腰部以下已毁。幅巾束首，有长尾。瞪目张嘴，眉头蹙起，脸颊肌肉发达，耳垂肥大，短颈粗脖。身着圆领窄袖长袍，胸前束带，系两条腰带，左手扶腰带，右手置于大腿上。

左侧侍从为男像，大腿以下残破。瞪目闭嘴大耳，戴幞头，身着曲领窄袖长袍，系腰带。左手下垂，右手高举一葫芦，葫芦中有烟气腾空。右侧侍从为女像，大腿以下残破。头顶盘髻，饰有璎珞、耳饰，耳畔有垂发，双目微张，小嘴闭合，表情肃穆。身着窄袖襦裙，披帛绕身，两臂平举至胸前，双手在袖中相交。

---

① 丁福保.佛学大辞典[M].台北：财团法人佛陀教育基金会，2002：1319.

② 丁福保.佛学大辞典[M].台北：财团法人佛陀教育基金会，2002：272.

(二)峰山寺第10龛

龛型为平顶龛,高135厘米,宽140厘米,深100厘米(图1.45)。正壁下部有凸出台沿,高度及膝,龛内三武将坐台沿上,下半身漫漶。

主像身高125厘米,肩宽35厘米,胸厚25厘米。脸型方正,表情威严,高眉深目,嘴唇紧闭,耳垂肥大。头戴圆筒形高冠,冠外束巾。内着山文(亦作"纹")甲,披肩巾,外着翻领窄袖长袍,胸前有束带,系腰带。左脚自然垂地,右脚抬起,小腿置台沿上。左手下垂放左腿上,右手抬至胸前,手握一物。

左右二胁侍身高略低于主像,双目圆瞪,头裹束巾,双腿下垂着地,双手挂腿上。左像嘴唇微微张开,着袒右外袍,左手后似立有一柄长刀。右像嘴唇紧闭,嘴角下垂,右腿外侧似立有一武器。

以天王为主尊的造像题材并不多见,唐、五代时期以毗沙门天王为主,在大足北山和四川其他各地均有分布。上述两龛中武将形象的主尊虽然与唐、五代时期典型的毗沙门天王形象存在一定的距离,但是二者之间并非毫无联系。

源自于阗的毗沙门天王信仰自西域传入中原,在唐代不空大师的推动下,毗沙门信仰自上而下传播开来,也随唐皇进入四川,在中唐以后成为四川护法神像的重要题材之一,出现在多个佛教石窟中。[①]大足北山现存3尊规模不小的毗沙门天王像,如开凿于晚唐的佛湾第5龛就是其中的代表(图2.1)。毗沙门天王头戴高冠,身披长裙铠甲,翼

---

① 关于毗沙门天王信仰的研究可见古正美的《于阗与敦煌的毗沙门天王信仰》[古正美.于阗与敦煌的毗沙门天王信仰[C]//敦煌研究院. 2000年敦煌国际学术讨论会文集——纪念敦煌藏经洞发现暨敦煌学百年(1900~2000):历史文化卷(上).兰州:甘肃民族出版社,2003:34-61.]、党燕妮的《毗沙门天王信仰在敦煌的流传》[党燕妮.毗沙门天王信仰在敦煌的流传[J].敦煌研究,2005(3):99-104.]、张永安的《敦煌毗沙门天王图像及其信仰概述》[张永安.敦煌毗沙门天王图像及其信仰概述[J].兰州大学学报(社会科学版),2007,35(6):58-62.]等。

形肩焰，腹前悬弯刀，身下有坚牢地神，另有二鬼托脚。虽然双手已毁，持物不明，但是其形象与敦煌、四川其他石窟的毗沙门天王还是基本一致的（图2.2）。毗沙门天王左右胁侍共计8位，内侧为一夜叉，手捧狼牙棒和长剑。毗沙门在唐代不空大师的宣扬下，以护国、护城的战神形象出现。如资中西岩第34龛毗沙门天王像龛中五代后唐天成四年（929年）的题记载"咸通中，南蛮救乱，围逼成都……焚庐掠地，穷恶恣凶……此际，天王茂昭圣力，遽显神威，楼上耀光明之彩，蛮蜑瞻之而胆詟，酋豪视之而心□，即时遁跃"[①]。北山佛湾第5龛位于北山佛湾入口，毗沙门天王面对入口站立，其身份角色正是晚唐韦君靖所建军寨的护寨神。

图2.1　大足北山佛湾第5龛

---

① 王熙祥，曾德仁. 四川资中重龙山摩崖造像[J]. 文物，1988(8)：19-30.

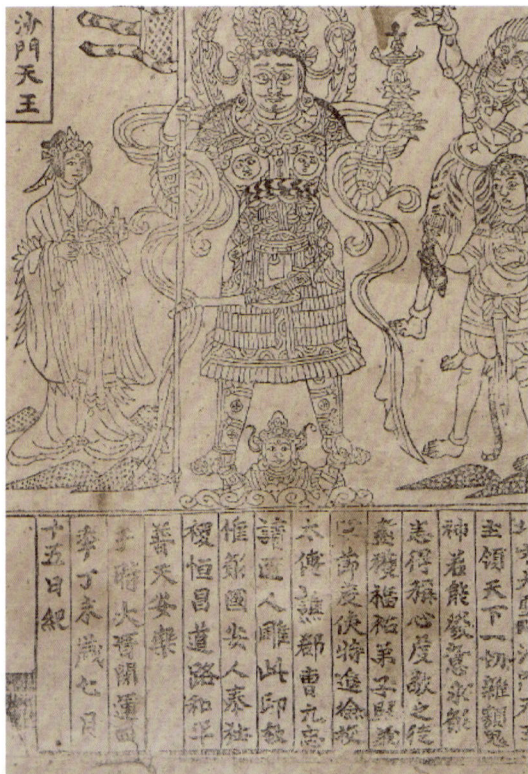

图2.2　敦煌藏经洞毗沙门天王(947年)①

　　与之形成鲜明对比的是,进入宋代,大足、安岳地区毗沙门天王造像骤减,能明确其身份的毗沙门天王仅存残像一躯,即《铭文录》记大足石壁寺摩崖造像神龛内的圆雕单体残像:"坐像,头断残,高24(两腿间刻一坐佛,高8)厘米。"②像后有造像记:"弟子资□胜发心□□毗沙门天王身,以大中祥符六年修斋表庆。"石壁寺现已不存该像,从残存部分的尺寸判断,该尊毗沙门天王像的尺寸并不大。

---

① 图引自松本荣一.敦煌画の研究[M].东京:东方文化学院东京研究所,1937:图版120b.

② 重庆大足石刻艺术博物馆,重庆市社会科学院大足石刻艺术研究所.大足石刻铭文录[M].重庆:重庆出版社,1999:315.

推测毗沙门天王造像活动在宋代式微的原因，与信仰背景的变化和新偶像的出现有关。五代以后，大足、安岳地区不曾有战事，和平时期对战神的信仰热情消退。此外，毗沙门天王信仰的发展离不开李唐皇室自上而下的推动。到两宋之际，虽然时局不稳，但是四川受到战争的影响有限，且摩利支天之类的新战神被外出做官的川人带回家乡，失去上层推崇的毗沙门天王就此被取代，退出了历史舞台。

回到玉滩和峰山寺的护法神像，在以往的研究中，他们的身份往往以模糊的"天王"一词指代①。虽然以单尊样式存在的天王在唐、五代几乎可确定为毗沙门天王，但是这两尊像并不具备翼形肩焰、坚牢地神、托塔等特征。他们与唐代毗沙门天王像是否有联系？两龛五代毗沙门天王像为我们提供了一些线索。

第一龛是大足北山佛湾第3龛（图2.3）。此龛毗沙门天王与第5龛形象类似，但存在两个明显的不同：首先，毗沙门天王脚下无坚牢地神和二鬼托脚；其次，胁侍相对简单，左右各一，左壁胁侍为武士装束，双手身前持物，右壁胁侍头残，身穿宽袖长袍，飘带绕身，推测为女像

图2.3　大足北山佛湾第3龛主尊及左右胁侍

---

① 四川省社会科学院, 大足县政协, 大足县文物管理所, 等. 大足石刻内容总录[M]. 成都: 四川省社会科学院出版社, 1985: 367.

的可能性大。玉滩第4龛的左右胁侍也是一男一女,只是男性胁侍身着长袍,头戴幞头,并非武将装束(图2.4)。

图2.4 大足玉滩第4龛主尊及左右胁侍

第二龛是安岳圆觉洞第91龛(图2.5)。这尊毗沙门天王像虽然脚下有坚牢地神,左右有鬼怪形夜叉扛载,但是与北山佛湾第5龛相比,改直立为倚坐姿,改全身披甲为着软布战袍,腰间系抱肚,改华丽的高冠为普通的进贤冠。值得一提的是,倚坐姿在四川唐、五代的毗沙门天王像中并不多见,37龛中仅见8例,而且时代相对较晚,集中在晚唐、五代。①峰山寺第10龛和玉滩第4龛继承并发展了圆觉洞第91龛的毗沙门天王样式:坐像,着软袍,脚下九地神,进贤冠改为高筒状裹巾。峰山寺第10龛还保留有二夜叉,玉滩第4龛连这一特征也已丢失。

从北山佛湾第5龛到玉滩和峰山寺的天王,后者已经很难称之为毗沙门天王,他们只是毗沙门天王在其信仰土壤丧失后,通过工匠留下的视觉遗产而已。

---

① 樊珂.四川地区毗沙门天王造像研究[D].成都:四川大学,2007:15-16.

图 2.5　安岳圆觉洞第 91 龛

第二节　叙事图像中的天王、力士像

此类天王、力士像涉及的题材包括佛传本生故事、柳本尊行化图和孔雀明王经变，以下将分述之。

一、佛传本生造像中的天王、力士像

此类题材集中在宝顶大佛湾和北山多宝塔，包括 4 龛佛传题材造像和 1 龛大方便佛报恩经变相。

（一）宝顶大佛湾第 17 龛

此龛为大方便佛报恩经变相，主尊为释迦牟尼，以汉文伪经《大方便佛报恩经》为依据，在主尊左右刻画了释迦牟尼前世今生修行、行孝的 12 个场景。其中右侧题名"释迦牟尼佛为末世众生设化法故担父王棺"的场景中有四天王。题记曰："大藏佛言：父王终已，至阇维时，佛共难陀等丧头前肃恭而立，阿难罗云在丧足后。阿难白佛言：惟愿

听我担伯父棺。罗云复言：惟愿听我担祖王棺。世尊慰言：当来世人皆凶暴不报父母养育之恩，为是不孝众生设化法故，如来躬欲担于父王之棺。即时世界六种震动，一切诸天龙神借来赴丧，四天王众皆共举丧，白佛言：佛为当来不孝父母者故，以自身担父王棺，我等是佛弟子，从佛问法，得须陀洹，是故我曹宜担父王之棺材。即变为人。一切人民莫不啼泣。世尊躬自手执香炉在前，行于墓所，令千罗汉取种种香木以火焚之。尔时诸王收骨置金刚函，便共起塔而为供养，大众人民作礼奉持。"

云中露出半截棺材，上有"王棺舆"三字，推测加上云气遮挡的部分应为"净饭王棺舆"。棺舆绑绳穿杆，被人抬起。场面中仅表现一组三位抬棺人，最前面为释迦，双手扶杆，扛左肩上，释迦头顶有两道光芒射出，释迦身后为二天王，天王身后有二罗汉，年少者为罗睺罗（罗云），年老者为阿难。佛陀前面为手持香炉的难陀，难陀前方有"净饭大王舍利宝塔"。

抬棺的天王凤眼闭唇，表情庄重，头顶宝冠，宝冠后有长巾垂至背部，身着宽袖长袍，系腰带，袖口系结；位于佛陀身后的天王背朝外，左手扶杆，背部扛杆，右手向后甩，后面的天王左手连同袖口一起搭杆上，左肩扛杆，右手下垂（图1.17）。

题记指明画面内容为"四天王"举棺，但是工匠在这里仅表现了两位天王，另外两位天王和大部分棺材都为云雾掩映，这一设计突破了文字的限制，体现出工匠的巧妙构思与高超的三维空间表现能力。

关于天王形象，值得注意的是他们头戴进贤冠，身披长袍，除去腰带和袖口系结，与文官形象差别不大，尤其是头冠，与文官完全一致（图2.6）。这一特点还会在后文中进一步论述。

图2.6　宝顶大佛湾第17龛天王与北山佛湾第136窟文官侍从形象比较

（二）宝顶大佛湾第12龛

此龛主题为九龙浴太子。上方有九龙吐水，童子形的释迦牟尼双手合十、结跏趺坐龙头下的方形浴盆中，两侧各有一护法神将托起浴盆（图1.15）。神将仅露出上半身，眉眼上扬，嘴唇紧闭，表情肃穆，头戴兜鍪，上顶红缨，耳侧有翼形护耳，肩部披巾，穿宽袖战袍，外着铠甲。左侧神将左手放浴盆下，右手胸前握拳。右侧神将左手扬起，右手放浴盆下。

各佛经中关于太子沐浴的细节不尽相同。以龙王为例，二龙王浴太子的记载居多，仅《普曜经》为九龙浴太子："九龙在上而下香水，洗浴圣尊。"[1]但是在汉地图像中，九龙浴太子的图像更为普遍，应与汉文化的影响有关。[2]典型的九龙浴太子图像结构以太子为中心，上方九龙环绕，下方太子左右跪立二天人，作扶持或礼拜状。依据佛经和现存图像判断，二天人的身份有三种可能。第一种可能是二龙王，如克孜尔石窟第99龛，上方有九龙吐水，下方有二龙王侍奉。[3]第二种可

① 大正新修大藏经：第3册[M].东京：大正一切经刊行会，1934：494.

② 王慧慧.佛传中的洗浴太子：从经文到图像的转变[J].敦煌研究，2014（6）：1-7.

③ 耿剑.犍陀罗佛传浮雕与克孜尔佛传壁画之"释迦诞生"图像比较[J].美术观察，2005
　（4）：90-92.

能是帝释天和梵天,如《过去现在因果经》记载:"释提桓因手执宝盖,大梵天王又持白拂,侍立左右。难陀龙王、优波难陀龙王于虚空中,吐清净水,一温一凉,灌太子身。"①此为帝释天、梵天与二龙王的组合。《普曜经》记载:"天帝释梵忽然来下,杂名香水洗浴菩萨。九龙在上而下香水,洗浴圣尊。"②此为帝释天、梵天与九龙王的组合。在图像方面,如藏于西安碑林的北魏皇兴五年像(471年)中,左右各有一天人扶持太子,天人挽髻着天衣,顶头光,其身份就可能是帝释天和梵天(图2.7)。第三种可能是二天王。佛经中天王出现在灌水场景中包括两种情形。一是天王浴太子,如《太子瑞应本起经》记:"四天王接置金机上,以天香汤,浴太子身。"③二是天王托琉璃床足,如《佛所行

图2.7　皇兴五年像

赞》记:"应时虚空中,净水双流下,一温一清凉,灌顶令身乐,安处宝宫殿,卧于琉璃床,天王金华手,奉持床四足。"④

图2.8　宝顶大佛湾第12龛神将与龙王、帝释天和天王

① 大正新修大藏经:第3册 [M].东京:大正一切经刊行会,1934:625.

② 大正新修大藏经:第3册 [M].东京:大正一切经刊行会,1934:494.

③ 大正新修大藏经:第3册 [M].东京:大正一切经刊行会,1934:473.

④ 大正新修大藏经:第4册 [M].东京:大正一切经刊行会,1934:1.

宝顶大佛湾第12龛的两尊护法神将究竟是何种身份？龙王、帝释天和天王在宝顶大佛湾的造像中均可找到[①]，由于大佛湾的造像风格统一，与它们展开比较能够帮助我们确认二护法神将的具体身份。宝顶大佛湾的龙王为鬼怪头帝王形象，帝释天为头戴进贤冠、身披长袍的文官形象，唯有天王为头戴兜鍪、肩部披巾、身穿铠甲的武将形象，与第12龛的二护法神将形象一致（图2.8）。比较毗卢道场前壁天王像和此龛护法神将，会发现二者不仅服饰类似，而且五官的相似度也颇高，可确认二护法神将的身份为天王无疑。此外，二护法神将外侧手置于盆下，为托举姿，佛经中龙王、帝释天、梵天均无此形象，唯《佛所行赞》记载四天王"奉持床四足"，与此龛护法神将形象接近。

（三）宝顶大佛湾第10龛

此龛《总录》命名为"人天毕会图"，岩壁流水致造像漫漶严重，因此很少进入研究者的视野。此龛规模较大，高6.2米，宽16.7米，背景表现为缭绕的云雾，人物和建筑散落其中，组成多个场景，令人想起成都万佛寺出土的南朝造像碑上的佛传图，只是前者以云为隔断，后者以山为隔断（图2.9）。

全龛构图可分为上下两层，四天王位于上层，天王之间有一方形凹陷，凹陷上方装饰帷幔，凹陷两侧各有二天王，均着宽袖长袍。左边外侧天王飘带绕身，持物不明，内侧天王头戴进贤冠，右手竖刀，左手扶刀。右边内侧天王漫漶严重，外侧天王头戴兜鍪，有翼形护耳，飘带绕身，双手在右腰侧挂剑（图1.13）。要明确四天王的角色，需要厘清此龛的内容。

[①]　龙王可见于第13号孔雀明王龛，帝释天可见于第17号大方便佛报恩经变龛，天王可见于第14号毗卢道场窟。

图 2.9　宝顶大佛湾第 10 龛(局部)和万佛寺造像碑"WSZ48"碑阴拓片①

　　下层造像居中为一宫殿,宫殿前面和左右站立数人(漫漶)。宫殿左右各有二场景:最左侧为一拄杖老人(左一);左边内侧有一农夫驱牛耕种,农夫身后有一人站立树下(左二);最右侧为三人围绕一棺材悲泣,三人左侧有一男子游戏坐,望向悲泣场景(右一);右边内侧有一沙门捧钵作乞讨状,对面站立一人,左手拄杖,右手斜向上指(右二)(图 2.10)。

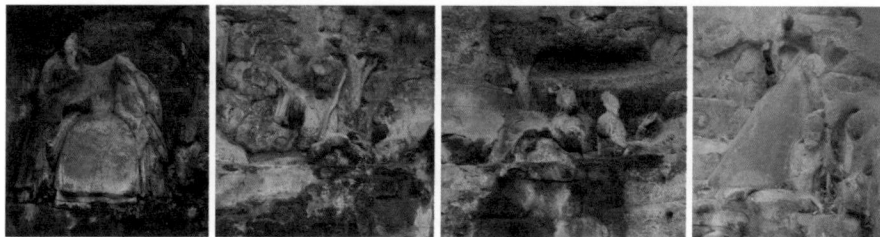

图 2.10　宝顶大佛湾第 10 龛树下观耕、出游四门

---

① 右图引自袁曙光. 四川省博物馆藏万佛寺石刻造像整理简报[J].文物,2001(10):19-38.

何恩之判断该龛内容为出游四门①，就下层造像而言，基本无误。左二为树下观耕。《修行本起经》记："太子坐阎浮树下，见耕者垦壤出虫，天复化令牛领兴坏，虫下淋落，乌随啄吞……"②其余三铺为出游四门。佛经记悉达多太子四次出游，见到老、病、死、苦，成为出家的契机："太子导从，千乘万骑，始出东城门……难提和罗，化作老人，踞于道傍……太子驾乘出城南门。天化为病人，在于道侧……出西城门，天作死人，扶舆出城，室家随车，啼哭呼天……严驾出北城门。天复化作沙门，法服持钵，行步安详，目不离前。"③左一、右一、右二分别表现了太子见老、死、苦的场景，与佛经差别很小。而站立于农夫身后、乞讨沙门对面的人物，以及葬礼旁边坐着的人物正是悉达多太子，尤其是葬礼场景中的太子，虽然没有表现为典型的思维像，但是其游戏坐的姿势与之相似。

下层左右为出城游观，居中的楼阁自然代表皇宫。四天王正好位于皇宫上方，上层左右也各有一场景。两个场景非常相似，背景为一座宫殿，从建筑结构和装饰细节判断，应为同一宫殿。左边宫殿的立柱前方有一男一女，应为悉达多太子和太子妃耶输陀罗；右边宫殿则空无一人（图2.13）。两个对比鲜明的场景表现了太子出家之前的宫中生活和太子离去后的宫殿。衔接二者的正是四天王所在的场景——夜半逾城。《修行本起经》"出家品"记："太子……至年十九，四月七日，誓欲出家。至夜半后……即呼车匿，急令被马。……骞特自念言：'今当足蹋地，感动中外人。'四神接举足，令脚不着地。……太

---

① HOWARD A F. Summit of treasures: Buddhist cave art of Dazu, China [M]. Trumbull, CT: Weatherhill, 2001: 5. SØRENSEN H H. Buddhist sculptures from the Song Dynasty at Mingshan Temple in Anyue, Sichuan [J]. Artibus Asiae, 1995, 55(3/4): 281-302.

② 竺大力, 康孟祥. 修行本起经 [M]//大正新修大藏经: 第3册. 东京: 大正一切经刊行会, 1934: 467.

③ 竺大力, 康孟祥. 修行本起经 [M]//大正新修大藏经: 第3册. 东京: 大正一切经刊行会, 1934: 466-468.

子即上马,出行诣城门,诸天、龙神、释梵四天,皆悉导从,盖于虚空。
太子即上马,出行诣城门,诸天、龙神、释梵四天,皆悉导从,盖于虚空。
时城门神人现,稽首言:'迦维罗卫国,天下最为中。丰乐人民安,何故
舍之去?'太子以偈答言:'生死为久长,精神经五道,使我本愿成,当开
泥洹门。'于是城门自然便开,出门飞去。"[1]在佛传图像中,这一情节往
往表现为太子乘马、四天王托马足,有时还会表现帝释天在太子上方
举盖(图2.11、图2.12)。

图2.11　云冈石窟第5窟附1号龛局部[2]　　图2.12　敦煌藏经洞出土晚唐绢画[3]

　　宝顶大佛湾第10龛采取了与之不同的表现策略。四天王中间的
凹陷方形上方装饰有与左右宫殿一样的帷幔,暗示这个空间是宫殿的
一部分,但是中间空空如也。这里表现的正是开启的城门,四天王或
在此守候太子的到达,或送别出家的太子,与忠实于佛经的图像表现

[1]　竺大力,康孟祥.修行本起经[M]//大正新修大藏经:第3册.东京:大正一切经刊行
　　会,1934:468.
[2]　图引自水野清一,長廣敏雄.雲冈石窟:西曆五世紀における中國北部佛教窟院の考
　　古學的調査報告:卷2[M].京都:京都大學人文科學研究所雲冈刊行會,1955:图
　　版66.
[3]　图引自松本荣一.敦煌画の研究[M].东京:东方文化学院东京研究所,1937:图版77a.

相比，虽然减少了具体的情节表现，但是画面的仪式感更强，从而强化了宝顶大佛湾作为宗教道场的神圣感。这一特点贯穿于宝顶大佛湾的佛教造像中。

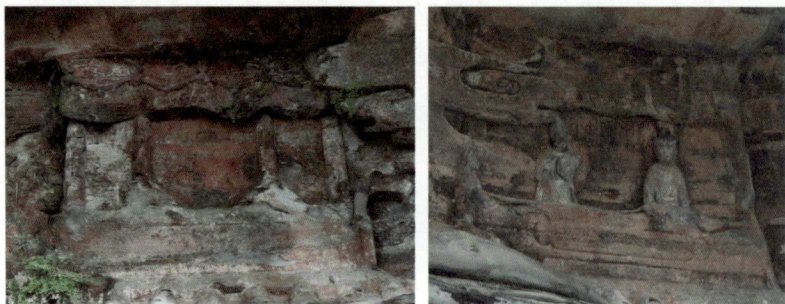

图2.13　宝顶大佛湾第10龛局部

（四）北山多宝塔第64龛

此龛涅槃图由镶嵌于塔心墙体的三块高浮雕组成。正壁下方为凸出佛床（佛已不存），佛床前后左右环绕举哀弟子和天凡各众。正壁上方表现双林，锡杖浮空中。双林左侧有一弟子站立云头，应为前往忉利天向佛母报丧的优波离，双林右侧一贵妇人站立云头，左边有侍女撑华盖，是摩耶夫人奔丧的情节。左右侧壁上方为持幡捧物的菩萨和供养人，最下层（佛床两侧前方）为怆地呼天的密迹金刚（图1.9）。

密迹金刚肌肉发达，头顶金冠束发，嘴大张，呈哭号状，上身赤裸，戴项圈，下身系短裙，赤足，手腕、手臂、脚腕戴钏，飘带绕身。左壁金刚身体后仰，右脚腾空，呈跌倒状，左手持金刚杵，右手胸前握拳。右壁金刚曲左脚，伸右脚，几欲坐地，双手在头顶横握金刚杵。

（五）宝顶大佛湾第11龛

此龛为涅槃图。涅槃的释迦牟尼头朝北面西侧卧，身体触地部分为云气遮挡。腹部前方有供桌，供桌上有花果、莲台，莲台有云气升起，云头站立释迦母亲摩耶夫人、姨母摩诃波阇波提、妻子耶输陀罗及其六位随侍。释迦身前站立20尊天人护法、供养人（现存19尊）。他们下半身均为云气遮挡，呈现为半身像。其中供桌四角各有一天王，抬起供桌（图1.14下）。

四天王仅露出腰部以上，高约2米，头部均有修复。北侧靠里的天王水泥修复部分剥落，天王面朝外，头戴束发金冠，身穿圆领衣袍。北侧外边的天王面朝里，头戴进贤冠，身披宽袖大氅，手捧莲花水果。南侧靠里的天王面朝外，头戴束发金冠，肩部披巾，身着宽袖大袍，左手扶供桌。南侧外边的天王头戴进贤冠，身披宽袖衣袍，左手扬鞭。

佛头外侧站立一护法神将，膝盖以下露出云雾，露出部分高2.9米。神将双手胸前屈指合掌，头戴进贤冠，身着宽袖战袍，肩部披巾，腰间系抱肚、腹护，飘带绕身（图1.14上）。

以上两铺涅槃像中出现的护法神将包括密迹金刚和天王。

多宝塔密迹金刚形象的依据是《佛入涅槃密迹金刚力士哀恋经》："密迹金刚力士，见佛灭度悲哀懊恼，作如是言：'世尊成就最胜无上十力，云何于今乃为羸弊无常气势微劣之所摧败？如来舍我入于寂灭，我从今日无归无依无覆无护，衰恼灾患一旦顿集，忧愁毒箭深入我心。'密迹金刚作是语已，恋慕世尊，愁火转炽，五内抽割，心膂磨碎，躄踊闷绝，譬如岩崩颠堕于地，久乃醒悟即起而坐，涕哭哽噎。"[1]密迹金刚在涅槃图中出现的时间很早，犍陀罗图像中已经大量存在，其位置和表现可分为两种，"一是立于释迦枕边或身后作悲叹状的形式，二是悲痛欲绝在床座前跌倒的形式"[2]。这两种形式在汉地均有继承，前者如安岳八庙卧佛院晚唐第3窟，后者如首都博物馆藏辽代舍利石棺上的浮雕。多宝塔涅槃图中的密迹金刚正是后一种表现。再看宝顶大

①　译者不详.佛入涅槃密迹金刚力士哀恋经 [M]//大正新修大藏经：第12册.东京：大正一切经刊行会，1934：1116.

②　宫治昭.涅槃和弥勒的图像学：从印度到中亚 [M].李萍，张清涛，译.北京：文物出版社，2009：103.

佛湾第11龛涅槃像佛头侧的神将，该神将形象与天王一致，《总录》也记其为"天王"①，但是同一画面中已经有托举供桌的四天王，因此该神将为天王的可能性较小。比较安岳卧佛院的涅槃像，这一位置的神将正是密迹金刚。和多宝塔涅槃图中充满昏厥、哭号人物的"热闹"场面相比，宝顶涅槃图的表现重点是天人供奉（即多宝塔涅槃龛左右壁的内容），因此密迹金刚以衣饰严整、合十礼佛的肃穆形象出现，符合整龛的主题和形式风格。

四天王出现在涅槃图中始于克孜尔壁画，印度和犍陀罗的图像中均未发现②。如克孜尔第38窟后甬道后壁涅槃图中，身光上方即有帝释天、梵天和四天王礼佛图像。在宋代石窟的涅槃像中，供桌和四天王并不多见，但是13世纪的卷轴画中可以看见佛床前摆放有供座，以及四天王与其他天人一起围绕佛床哀悼③，由于北方天王手中托塔，四天王的形象很容易从中辨出。四天王托举供桌四足是宝顶涅槃图的创造，其来源可能是《佛所行赞》中太子沐浴时四天王托举琉璃床四足的描述，也可能受到经文中关于逾城出家四天王托举马足的描绘的启发。

二、柳本尊行化图中的天王像

柳本尊行化图是大足、安岳地区南宋造像中的特有题材，柳本尊通过割耳、断手等方式修炼悟道，行化图描绘了10个修炼场景，并有佛、菩萨、天王等神为之作证，称为"十炼"。在宝顶大佛湾、小佛湾、安

---

① 四川省社会科学院，大足县政协，大足县文物管理所，等.大足石刻内容总录［M］.成都：四川省社会科学院出版社，1985：191

② 宫治昭.涅槃和弥勒的图像学：从印度到中亚［M］.李萍，张清涛，译.北京：文物出版社，2009：426.

③ 周四郎《佛涅槃图轴》和佚名《佛涅槃图轴》，见嶋田英诚，中泽富士雄.世界美术大全集·东洋编 第6卷南宋·金［M］.东京：小学馆，2000：图73，图110.

岳毗卢洞均有这一题材的造像。"十炼"第三"炼踝"的见证者是四天王："本尊教主宴坐峨嵋,历时已久,忽睹僧谓曰:居士止此山中有何利益? 不如往九州十县救疗病苦众生。便辞山而去,于天福二年正月十八日,本尊将檀香一两为一炷,于左脚踝上烧炼供养诸佛,愿共一切众生举足下足皆遇道场,永不践邪谄之地,感四天王为作证明。"①因此,"炼踝"场景中有四天王像。

(一)安岳毗卢洞柳本尊十炼图窟

此窟主尊为毗卢遮那佛(略称"毗卢佛"),毗卢佛左右分上下两层刻柳本尊十炼图。

"炼踝图"中,柳本尊双手合十、结跏趺坐,左脚踝上有火焰升起。柳本尊两侧山岩之间站立着为之作证的四天王,天王高约1米,分上下两排环绕柳本尊(图1.47中)。天王表情威严,瞪目扬眉,双唇紧闭,耳垂肥大,身着圆领宽袖战袍,系腰带。左侧上排天王头戴进贤冠,冠前有明珠装饰,右手在左腰侧拄斧。左侧下排天王头戴束发金冠,腰间系抱肚,左手托铜,扛左肩上,右手举起,食指、中指、拇指相捻,眼睛望向右手。右侧上排天王头戴进贤冠,腰间系抱肚,左手放腰侧,右手拄剑。右侧下排天王金冠束发,左手铺巾,巾上托四面方塔,塔正面开一圆龛,龛内刻一结跏趺坐佛。

窟口左右各站立一护法天王(图1.47下),天王高2.8米,相貌威严,瞪目扬眉,宽颌大嘴,侧头望向龛外。天王身着宽袖战袍,外披山文甲,身甲长及腹下,腰间围双层抱肚,系腰带,小臂戴臂护,脚下蹬靴,飘带绕身。左侧天王嘴微张,头戴虎头帽,肩部披巾,左手搭右手手腕上,右手腹前斜持剑。右侧天王紧闭双唇,头戴兜鍪,上顶红缨,两侧有翼形护耳,兜鍪下有护颈,腰带在腹前穿过兽形腹护,天王左手搭右手手腕上,右手左腰侧拄斧。

---

① 宝顶大佛湾第21龛题记。

（二）宝顶大佛湾第21龛

此龛主尊为柳本尊，主尊两侧造像分上下两层，上层为柳本尊"十炼"事迹，下层为柳本尊侍从。"炼踝"为主尊右侧第四铺，居中为结跏趺坐柳本尊，双手合十，两脚赤裸，左右脚心各腾起一团火焰。主尊两侧云头上伫立四天王为其作证，左右各二（图1.18上）。

四天王分脚站立，瞠眼闭唇，耳垂肥大，表情肃穆。前排两位天王头顶金冠束发，身着宽袖交领长袍，腰间束带，袖口系结，领口露出铠甲，脚下蹬靴。后排两位天王头戴进贤冠，冠前有如意形装饰，身着宽袖大袍，披两裆铠，腰间有抱肚、腹护，系腰带，脚下蹬靴。前排左侧天王双手胸前抱拳，捧铜。右侧天王双手捧塔，左手在下，手心铺巾，托起宝塔，右手在上，扶宝塔顶部。塔下有莲座，塔身为四面，上有圆形龛，龛内有坐佛，塔顶为穹隆顶，顶上有宝珠。后排左侧天王左手被前排天王遮挡，持物不明，右手抬至胸前，微微握拳，食指扬起。右侧天王双手在左侧拄剑。

下排侍从中，主尊外侧第三尊为站立云头的天王，左右各一（图1.18下）。天王瞠目扬眉，张嘴露牙，作呵斥状，头戴兜鍪，上顶红缨，兜鍪正中有火焰宝珠，两侧有翼形护耳。神将身穿宽袖长袍，袖口系结，外披山形纹两裆铠，腰间有抱肚、腹护，系腰带。左侧神将有飘带绕身，右手向上扬剑，左手扶剑锋。右侧神将肩部披巾，左手腰侧握拳，右手斜持长剑。

（三）宝顶小佛湾第9窟

此窟位于小佛湾佛坛二层，有"毗卢庵"题名。窟内横梁将窟室分为前后两部分，横梁及横梁后左右壁上层与正壁毗卢佛构成五佛四菩萨，前室左右壁上层为柳本尊十炼，两侧壁下层为八大明王。"炼踝"位于右壁，柳本尊结跏趺坐于圆龛中，右脚踝上升起一团火焰。圆龛外左上角刻有为之作证的四天王，天王头戴高冠，身穿宽袖长袍，手持笏板,错落站立云间(图1.21)。

(四)普圣庙第1龛

此龛主尊为柳本尊,结跏趺坐于金刚座上,左臂不存,右臂胸前结印。左右各一侍女,手捧柳本尊割下的手和耳朵,侍女和柳本尊头顶有化佛。侍女外侧为两位家丁装束的侍卫,左右壁分别为一天王(图1.46)。

天王伫立云头,膝部以下被云气遮挡。左侧天王瞪眼扬眉,张嘴露牙,头戴兜鍪,前方点缀火焰宝珠,上顶红缨,两侧有翼形护耳,护耳下露出耳垂,兜鍪下方有护颈,着宽袖曲领战袍,肩部披巾,腰部有抱肚,系腰带,飘带在脑后飞扬,顺双肩垂下,左手胸前握拳,右手腰侧斜挂剑。右侧天王瞪目扬眉,双唇紧闭,头巾束发,在前额系结,戴团花装饰头冠,发冠尾部露出耳垂,身着曲领内袍,胸前披山文甲,系束甲绊,外罩宽袖战袍,腰间有抱肚,系腰带,飘带在脑后飞扬,顺双肩垂下,右手在左腰侧挂锤,左手放右手上。

柳本尊行化图中的天王像可分为两类:一类是"炼踝图"中为柳本尊作证的四天王;另一类是站立于窟口或主尊两侧的护龛、护法二天王。第二类属于下一节讨论的仪仗图像,为方便论述和比较,归入此处一并讨论。比较这两类天王,护法二天王的形象更为威猛,兜鍪、铠甲、宝剑一应俱全,而作证的四天王的形象则更为强调其天人身份,最极端的例子是宝顶小佛湾第9窟的四天王,顶进贤冠、着长袍、持笏板,形象与文官无异。

三、孔雀明王经变造像中的四天王像

孔雀明王经变中有"天战阿修罗"的情节,主要表现为帝释天带领诸天追杀阿修罗,四天王为帝释天手下四将,因此常常成为这一情节中的主要角色。本书研究范围有两龛孔雀明王经变造像中明确表现了四天王。

（一）玉滩第2龛

四天王位于龛壁上方，身高约半米，站立云头上，瞪眼扬眉，表情威严（图1.43上）。内侧二位天王形象相似，头戴兜鍪，着宽袖长袍，腰间有抱肚，系腰带，飘带绕身，天王面向主尊，双手合十。左外侧天王头戴高帽，内着铠甲，外披交领大袖长袍，系腰带，飘带绕身，左手伸出，手掌托塔，右手腰侧持铜。右外侧天王头戴兜帽，着窄袖长袍，腰间有抱肚，系腰带，飘带绕身，右手下垂，左手腹前横握长剑。左外侧天王由手掌托塔可判断其身份为北方多闻天王，从而确定此四尊身份为帝释天手下的四天王。

主尊两侧各有一位天王，身高约1米，脸部漫漶，均着宽袖长袍，身体微微扭转，衣袂飘飘，充满动感（图1.43下）。左侧天王外袍可见小翻领和高腰系带，左手按右手腕上，右手向下执剑。右侧天王披发，双手在右腰侧向上持刀。

（二）安岳孔雀洞第1窟

此窟右壁上方为"天战阿修罗"（图1.53下），前方为落荒而逃的阿修罗，后方为追赶的四天王。四天王上下两排错落站立在云头，头戴兜鍪，上饰红缨，身着宽袖战袍，外披铠甲，腰间系抱肚。上排两位天王，前面一位双手扛起巨石，正欲投向阿修罗，后面一位双手持长棍，挥向阿修罗。下排两位天王，前面一位拉弓欲射，后面一位双手扛长棍，头向后望，作戒备状。

正壁主尊左右造像分上下两层（图1.53上）。下层为两尊护法神将，双手胸前抱拳，站立云头，膝盖以下隐于云间，表情威严，双目圆瞪，眉眼上扬，微微侧脸，朝向主尊，头戴兜鍪，上饰红缨，耳畔有双翼形护耳，身着曲领窄袖外袍，腰间有抱肚、腰带，双手合十，飘带绕身，从头后、双肩垂下。

第三节　仪仗图像中的天王、力士像

仪仗图像中的天王、力士像依据其位置分布,可分为护塔天王、力士像,护窟(龛)天王、力士像和托座力士像三类。

一、护塔天王、力士像

护塔天王、力士像往往按照方位分布,因此单列一类。

（一）石篆山佛会常住塔

该塔位于佛会(惠)寺后,共有四层,底层三壁,正面开口,有门轴遗迹,上有中式屋檐,此层中心有棱柱支撑。第二层底部为莲座,上有屋檐,塔身为四棱,正面有龛,龛上刻"佛会之塔",龛内有一佛二弟子,佛陀结跏趺坐于须弥莲座上,结弥陀印。背面为一男子启门,左右两面(东西向)为四天王。第三层为八棱,雕刻为八面栏杆,内有多个童子戏要。第四层底部为莲座,塔身上有五佛,佛之间有祥云间隔。塔刹部分顶部为圆形宝珠,下有莲花、三层相轮。

四天王所在壁面中间上部为竖棱窗,下部有桃形壶门,两侧各站立一天王(图1.35)。

天王像漫漶严重,面部不清,身形魁梧,腹部突起,披甲戴冠,飘带绕身,双脚下有岩石或小鬼(漫漶)。西侧一面左像左手叉腰,右手拄剑,右像左手叉腰,右手拄剑,内袍袖口宽大,在肘部飞扬;东侧一面左像左手戴钏,双手一上一下持棍状武器,右像双手一上一下持武器(漫漶),内袍袖口宽大,在肘部飞扬。

（二）大足仁功山转法轮塔

石塔原址在小佛湾东边200米处的仁功山（黄桷坡），后迁移至现址，即圣寿寺维摩殿东侧。塔为三级，高3.72米，塔座、一级、二级均为四方形，塔座各面有一力士（残），一级塔身各面有一天王，二级塔身各面有一佛，三级塔身为一莲座，莲座上有12坐佛（图1.25）。

一级塔身高0.53米，每面宽0.54米，四天王显现云中，仅露出胸部以上。天王头戴高冠，身披铠甲，各持法器。东北面天王右手高举，似托塔；西北面天王铠甲保存相对完整，右手斜持剑；西南面天王双手胸前合十捧铜，胸下有横刻题记"增长天王"；东南面天王右手抱筒状物，胸下有横刻题记"持国天王"。

（三）宝顶小佛湾第9窟

毗卢庵窟外南壁（即窟正壁外部）居中为"释迦舍利宝塔禁中应现之图"碑，碑两侧为四天王，四天王和碑上方为圆形龛样式的千佛。碑下有莲座，碑上的图像为线刻，中心为一舍利塔，塔身上刻五方佛，舍利塔光芒四射，上方圆形身光中有结跏趺坐佛。佛顶刻字"释迦舍利宝塔禁中应现之图"，碑两侧刻偈语"上祝皇王隆睿算/须弥寿量俞崇高""国安民泰息干戈/雨顺风调丰稼穑"，舍利塔两侧刻制作时间"释迦如来涅槃至辛卯绍定""四年得二千乙百八十二年"（1231年），塔下有庆元府（宁波）阿育王山广利禅寺住持僧道权于嘉定十年（1217年）记录嘉定八年（1215年）舍利塔于宫中应现的奇迹："嘉定八年十一月，有旨宣舍利宝塔入禁庭，安奉灿锦堂，焚香致敬。中殿洎左右嫔御侍臣见碧琉璃珠现于塔内铎旁，时大时小，复于第二相轮现水晶珠。是夜迎归椒殿。主上、中殿、东宫同见大珠现于塔面，作真珠色，祥光晃耀丕休哉，甚盛举也。恭惟皇帝陛下以不世之资懋隆天宠，仰绍统极成著于中德洽于外，凡羽毛鳞介草木丛林莫不献奇效瑞，况宝塔之镇兹山,绵亘千祀,一念咸通与佛冥契,非臣愚昧可以赞扬,与林下衲子仰观盛美第摭其实,谨刊诸坚珉,昭示万古云。尔时嘉定十年(四月一日庆元府阿育王山广利禅寺住持传法臣僧道权谨书。"

四天王以守护舍利塔的样式出现。四天王瞠目扬眉,眉头蹙起,宽脸大嘴,脸部肌肉发达,神情威严,头侧向中间的碑(图1.21)。天王身着宽袖战袍,披铠甲,系束甲绊,腰间双层抱肚,飘带绕身。外侧两位天王戴束发金冠,内侧两位天王肩部披巾,头戴进贤冠。

碑左边内侧天王双唇紧闭,双手持短柄斧头,左手在上,右手在下,腰下为岩石遮挡,岩石前有猛虎窜出,仅现虎头。外侧天王龇牙咧嘴,左手持盾牌,右手持箭,身前岩石上有蛇探出。

碑右边内侧天王左手放右手腕上,右手身前持剑,身前岩石上有蛇探出。外侧天王左手抬至右胸前,手心铺巾,巾上托方塔,塔身下有莲座,塔身开龛,龛内有结跏趺坐佛,上覆穹隆顶,顶上有莲座,座上有宝珠,身前岩石间有摩尼宝珠。

三座塔上的天王、力士都致力于护法这一目标,但是依据他们与塔的关系,可判断塔上天王、力士担任的不同角色及其表现方式。佛会塔天王所在层级虽然为四方体,但是四天王并未分布于四面,正面开龛,内有一佛二弟子,背面一人启门图,天王分两组位于左右两面,正面的佛像、背面的门、左右面天王之间的窗户均暗示四天王为佛寺的守护者。仁功山转法轮塔是密宗道场的结界造像,力士和四天王环绕塔身中心对称分布,与上方各层的佛、菩萨一同组成立体曼荼罗,类似的造像可见修建于大理国时期的昆明地藏寺九层经幢(图2.14)[①]。小佛湾的四天王守护舍利,其角色与法门寺地宫出土的方形舍利盒四

---

① 关于此经幢的详细研究可见 HOWARD A F. The Dhāraṇī Pillar of Kunming, Yunnan. A Legacy of Esoteric Buddhism and Burial Rites of the Bai People in the Kingdom of Dali (937-1253) [J]. Artibus Asiae, 1997, 57(1/2): 33-72. 图2.14引自该文图版一。

面的四天王一致（图2.15），只是舍利（塔）以碑刻形式表现，因此四天王一列展开，分立左右。

图2.14　昆明地藏寺九层经幢（局部）

图2.15　法门寺地宫出土舍利盒

二、护窟（龛）天王、力士像

此类天王、力士像指位于正壁主尊两侧、左右壁或窟口两侧仪仗性质的天王、力士像。此类造像构成了天王、力士造像的主要部分，为分析方便，下文将按照二天王像、四天王像、金刚力士像三类分别讨论。

（一）二天王像

二天王像不同于四天王像有明确的身份、图像特征，位于佛教龛窟的龛窟口或主尊两侧的武将样式的护法神将均可归入此类。大足、安岳共有8窟宋代造像中有二天王像。

1.石篆山第11龛

此龛为炽盛光佛龛,二天王站立龛口外侧(图1.34)。右侧天王头部不存,双手一上一下斜握棍形兵器,上身披山文甲,胸前有束甲绊,系肩带,肩部有披膊,肘部内袍宽袖向后飘扬,戴臂护,飘带绕身,腰间有抱肚、腹护,腿裙及膝,腿裙内缚袴,有鹊尾垂至双脚间。左像头部、右胸、右臂已残,服饰与右侧天王几乎相同,细节保存更完整。腹护呈卷云纹,飘带的结构非常清晰,两端在身侧飘扬,左右三分之一处对折,在身侧穿过腰带并固定,中间三分之一在腹前下垂,形成弧形。手持棍形武器的下端残存一个水滴形环带,可能为武器装饰。右壁龛口外沿留有题记:"岳阳镌作处士文惟简……"

2.宝顶大佛湾第14窟

毗卢道场窟内南壁有两组二天王像(图1.16下)。

南壁正中为窟门,窟门两侧分别为文殊(西侧)、普贤(东侧)。文殊西侧,为一佛二菩萨,佛座下有一供养菩萨面佛跪拜,供养菩萨两侧各有一天王。普贤东侧,为一佛二菩萨,佛座下有二供养菩萨面佛跪拜,供养菩萨两侧各有一天王。

四位天王面貌相似,均为圆润脸庞,杏仁眼,眼角上扬,眉毛不明显,眉头微蹙,嘴与鼻同宽。

窟门西侧二天王头略向上扬,看向主尊,头戴兜鍪,前方正中有火焰装饰,上顶红缨(毁),两侧有翼形护耳(毁),着曲领窄袖内袍,披山文甲,腰间有抱肚,系腰带,脚下蹬靴,飘带绕身。左侧天王嘴唇紧闭,肩部披巾,内袍外有宽袖长袍,铠甲罩长袍外,长至腹下,腰带在腰间穿过兽面装饰,左手叉腰,右手上举(毁)。右侧天王嘴唇微张,露出牙齿,铠甲上缘正中有花形装饰,铠甲外罩翻领右衽宽袖大袍,抱肚束外袍外,左手上举至耳侧,掌心朝上,曲小指、无名指,其余三指不存,右手腰侧向下持剑。

窟门东侧二天王嘴唇紧闭,着宽袖战袍,袖口系结,披山文甲,腰间有抱肚，系腰带，脚下蹬靴，飘带绕身，双手胸前合掌。左侧天王头往左侧，朝向正壁，头顶束发，发髻前戴花冠，身甲长至腹下。右侧天王头略向上扬，看向主尊，头戴兜鍪，两侧有翼形护耳（毁），腿裙及膝。

3.高升大佛护法神像

高升大佛位于安岳县高升乡云龙山上，主要龛窟为高约4米的华严三圣造像（即高升大佛），华严三圣两侧各立有一天王，身高约3.2米。

天王瞪目扬眉，鼻孔外翻，大嘴紧闭，侧头望向窟外，头戴兜鍪，上顶红缨，两侧有羽翼形护耳，兜鍪正面有祥云一朵，云上结跏趺坐一像（残），应为化佛，全身披甲，肩部披巾，腰间系抱肚，飘带绕身（图1.52）。

（二）四天王像

1.宝顶大佛湾第14窟

此窟即毗卢道场，位于大佛湾北岩东侧，与孔雀明王窟相邻。洞窟东壁坍塌，部分造像不存或损毁严重。窟门外东西壁各有两位天王，四天王腰部以下为云气遮挡（图1.16上）。

四天王脸型方正，额头饱满，瞪目闭嘴，眼角上扬，耳垂肥大。

左侧两位天王损毁严重，几乎仅存头部。最靠东的天王头戴进贤冠，冠前有圭形牌饰，牌饰前方有宝珠，两侧有翼形装饰，服饰残留肩巾痕迹。东边内侧天王头戴进贤冠，身体为粗坯形式。此天王脸部为粗坯外敷泥完成，推测此像在窟壁坍塌中损毁严重，为后世在残存粗坯上敷泥补做，现存装彩推测为清代，或为装彩时修补。西侧二天王之间有装彩题记："信女李彭氏、男开炳、开树，发心装彩诸佛菩萨金身五尊，祈保家门清吉人眷咸安。戊辰岁小阳月谷旦。"

右侧靠近门的天王头戴进贤冠，冠前有宝珠，宝珠两侧有翼形装饰，肩部披巾，身穿宽袖大袍，外披山形纹两裆铠，胸下裹巾，腰间有抱肚,左手放右手腕上,右手横持宝剑。外侧天王头顶金冠束发,身穿两裆铠,外披宽袖大氅,左手托起方形宝塔,高举至右肩,右手扶住塔尖。宝塔下有莲座,塔身正面开龛,内有结跏趺坐佛,双手合十。塔顶有相轮(漫漶)。

2.安岳石羊华严洞

主尊为华严三圣,左右有二胁侍,分别为一儒生、一沙门,左右壁为十菩萨,窟顶正中有一"唵"字,洞窟主题应为圆觉。左右壁十尊菩萨上方各有一铺造像,其内容或为《圆觉经》的主要情节——菩萨问道。此外,正壁胁侍儒生、沙门上方也有一铺造像,其中包括护法神像。

左侧儒生上方造像为一佛六胁侍:主尊头部和下半身已毁,手臂于腹前呈直角弯曲,可能为结跏趺坐佛。佛左右各有三胁侍。左边三人均戴高冠,前排二人漫漶严重,后一人为武将装束,手持华盖。右边前排一人头部不存,另外二人均戴高冠,后排一人左手高举,手心腾云,云中托举一塔,此人身份应该为北方毗沙门天王。因此,六胁侍可能为二菩萨、四天王(图1.48)。

3.石门山第6窟

此窟正壁为西方三圣——阿弥陀佛、观音、大势至,两侧各有一供养人,左右壁各有五尊观音。右壁观音外侧为献珠龙女像,龙女对面为善财。

窟门外侧为四天王,左右各二,均为双腿直立、双脚分开的站立像(图1.38)。四天王身材魁梧,项后有圆形头光,粗眉瞪眼似铜铃,咧嘴,戴耳珰,内袍胸口宽大,向外飞扬,下摆至膝下,肩部戴巾,戴披膊,肩头饰有虎头,身披明光铠,上有肩带,胸前系束甲绊,腰间有抱肚、腹护,飘带穿过腰带,在身侧和腿前飞扬,小臂戴臂护,腿裙及膝,露出里面的宽大内袍,脚掌部已毁,有长靴痕迹。

左边外侧天王头顶束发,额头勒发带,在后脑勺和下颌绑带固定,脑后绑带向上飞扬，头后和两侧毛发飞扬。双手已残，左手可辨认出其动作为握住右手内袍袖口，右手下垂至腿侧，手部已毁，持物不明。胸前有兽面护心镜，身甲、腿裙为山文甲，披膊为方形细鳞甲。

左边内侧天王为一头六臂，下方二臂左手持羂索，右手上举铁鞭，中间二臂在腹前拄长剑，剑已不存，上方二臂在胸前拱手。头戴平顶兜鍪，在下颌用系绳固定，有翅状护耳。胸前有人面护心甲，披膊和护腿为鱼鳞甲。

右边外侧天王头部上方受损，额头似乎勒有发带，在后脑勺和下颌绑带固定，脑后绑带向上飞扬。护心甲为重瓣团花纹，腰带在腹前穿过兽面带扣，身甲和腿裙为六边形纹，披膊为山形纹。左手抬至护心甲之间，小臂至手掌已漫漶，不知所持何物，右小臂和右手不存。

右边内侧天王有三头六臂，侧面两头为刻在后壁上的浮雕侧面像，均为高鼻瞪目的胡像，与中间的正面头像如出一辙。下方二臂左手持弓，右手抓矢，中间二臂平抬，双手已残，可能为合十手势，上方两臂高举，左手举铜，右手托火轮。额头勒发带，在后脑勺和下颌绑带固定，脑后绑带向上飞扬。护心甲有露齿兽面纹装饰，全身铠甲均为山形纹，腰带在腹前穿过兽面带扣。

洞口有题记："诱化修造十圣观音洞岑忠用意者如念生居浮世幸处人伦。叨天地之恩，亲日月之德，立身处世，多有妖讹不作善因，虚过光景。忠用自甲寅岁巳来，见天忽元旱，雨不应时，民食不足，于是遂兴丹恳，大建良因，集远近信心，就此石门山上建观音大洞一所，无量寿佛并十圣观音，祈风雨顺时，五谷丰盛。始自丙辰兴工，至庚申残腊了毕。上愿皇图永固，佛日增辉。舍财信士所作契心三会龙华，皆得受记，山神土地灵作匠人天受遮但忠用虽三代贫苦实无一贯之本□□□□□□□□□□儿孙之冤与众作仇恨他年限满堕落阴司，日受万死一身，常言儿孙自有儿孙计，莫为儿孙作牛马。时庚申十二月□日岑忠用与裴氏夫妇共镌建。"

4. 北山佛湾第 133 龛

主尊为水月观音,头戴花冠,璎珞满身,随意坐于须弥座上,有火焰头光,背景为层叠的山石,左肩外侧立有净瓶。观音左右各立有一捧盘胁侍,左边为长髯老者,捧盘中立有一假山,右边为梳髻女子,捧盘已毁。左右壁各有两位天王,分腿直立于山岩之上。左壁天王高1.78米,头长0.32米,胸厚0.22米;右壁天王高1.8米,头长0.35米,胸厚0.23米左右(图1.4)。

左壁内侧天王为一头四臂。头戴兜鍪,颌下系带固定,兜鍪上饰红缨(不存),有翼状护耳。双耳戴珰,瞪目扬眉,眉头紧蹙,双唇紧闭,表情威严。戴肩巾、臂护,肩部有兽首装饰,内袍袖口宽大,向上飞扬。袖中伸出四臂,小臂均戴臂护。两臂上举,左手握短斧,右手持铜。下方两臂,左手平举至胸前,握束甲绊,右手下垂,斜持宝剑。身披山形纹明光铠甲,胸前有兽首纹样圆形护心镜,系束甲绊,腰间有抱肚、腹护,腰带于腹前穿过兽面装饰。腿裙及膝,膝下两腿间露出楔形内袍下摆,脚下蹬靴。有飘带自腰带下垂,在身前和身侧飞扬。

左壁外侧天王为四面六臂,头顶和两耳后各有一小头,瞪目扬眉、紧闭双唇、怒发冲冠。正面大头瞪目扬眉,眉头紧蹙,额头有皱纹,龇牙咧嘴,露出舌尖,双耳戴珰。额上系有头冠,头冠正面为三块圆形团花饰片,两侧为翼状装饰,头冠分别在脑后和颌下系带固定。戴肩巾、臂护,肩部有兽首装饰,内袍袖口宽大,向上飞扬。左右袖中各伸出三臂,小臂均戴臂护。两臂上举,双头托起一个法轮。法轮尺寸较大,直径仅比神将肩宽略窄。法轮内圈由中心站立的佛陀和他的七层圆形身光组成,佛陀身披宽大佛衣,双手合十。内圈往外放射出八条梭形辐条,与外圈相接,辐条之间有宝珠相连;外圈装饰有团花,十六颗火焰宝珠附在圈外。左中臂和右下臂共执一长矛;左下臂握住左腰侧垂下的飘带;右中臂小臂抬起,手托金刚杵。身披十字编织纹明光铠甲,胸前有圆形团花护心镜,束甲绊由圆环固定在胸前,腰间有抱肚、腹护,由系带固定,系带上方有装饰团花的腰带。腿裙及膝,膝下两腿间露出楔形内袍下摆,脚下蹬靴。有飘带自腰带下垂,与内袍一同在身前和身侧飞扬。

右壁内侧天王为一头四臂。头戴兜鍪,颌下系带固定,兜鍪上饰红缨(不存),有翼状护耳。双耳戴珰,瞪目扬眉,眉头紧蹙,双唇紧闭,嘴角下垂,表情威严。戴肩巾、臂护,肩部有兽首装饰,内袍袖口宽大,向上飞扬。袖中伸出四臂,小臂均戴臂护。两臂上举,右手扬刀,左手托钵,钵中有一龙探出。下方两臂,右手胸前握环(残损),左手下垂,在身侧斜握长斧,斧头尾部装饰有相连的尖喙鸟头与张嘴虎头纹饰。身披团花装饰的两裆铠,胸前系束甲绊,腰间有抱肚、腹护,腰带于腹前穿过兽面装饰。腿裙及膝,腿裙与臂护由鱼鳞形甲片组成。膝下两腿间露出楔形内袍下摆,脚下蹬靴。有飘带自腰带下垂,与内袍一同在身前和身侧飞扬。

右壁外侧天王为三头六臂,两耳后各有一小头,瞪目扬眉、紧闭双唇、怒发冲冠。正面大头瞪目扬眉,眉头紧蹙,额头有皱纹,双唇紧闭,双耳戴珰。头顶束发,额上系有头冠,头冠正面有玉牌,其余部分为缠枝纹装饰,头冠分别在脑后和颌下系带固定。戴肩巾、山形纹臂护,肩部有兽首装饰,内袍袖口宽大,向上飞扬。左右袖中各伸出三臂,小臂均戴臂护。两臂上举,左手高举一面圆镜(残),右手握铜;左中臂和右下臂共执一长戟,右手握住长戟上端,左手残;左下臂手握绢索,右下臂手挂长剑。身披六边形编织纹明光铠甲,胸前有圆形团花护心镜,束甲绊由方环在胸前固定,腰间有抱肚、腹护,由系带固定,系带上方有装饰菱形花纹的腰带。腿裙及膝,膝下两腿间露出楔形内袍下摆,脚下蹬靴。有飘带自腰带下垂,与内袍一同在身前和身侧飞扬。

上述天王像中有两个特点值得关注,一是出现了两组多头多臂天王像,二是天王像的人物风格趋向儒雅化。

包含多头多臂天王像的龛窟一是石门山第6窟,开凿于绍兴十一年,二是北山佛湾第133龛。石门山四天王中两尊为多臂像,两尊为双臂像。北山佛湾第133龛四尊均为多臂像。天王特征如表2.1、表2.2所示。

表2.1 石门山第6窟四天王特征

位置	左外侧天王	左内侧天王	右内侧天王	右外侧天王
头臂	一头双臂	三头六臂	一头六臂	一头双臂
持物	漫漶	弓、矢、铜、火轮	羂索、鞭、剑	漫漶

表2.2 北山佛湾第133龛四天王特征

位置	左外侧天王	左内侧天王	右内侧天王	右外侧天王
头臂	四面六臂	一头四臂	一头四臂	三头六臂
持物	法轮、长矛、金刚杵	短斧、铜、宝剑	刀、托钵(龙)、环、长斧	镜、铜、戟、羂索、剑

　　虽然石门山四天王中还保留有两尊一头双臂像,但是两尊像持物已失,难以判断其身份。云南石钟山石窟第6窟的护法神像提供了一条线索。该窟中间为佛、八大明王,两侧护法左为一头双臂像、右为一头四臂像。一头双臂像头戴高冠,全身披甲,脚下踩夜叉,左手持戟,右手小臂抬起,手部已毁(图2.16左)。第15、16号两窟紧邻,窟内各浮雕一位护法神像,16窟内为一头六臂像,15窟内为一头双臂像,右手持戟,左手托塔,证明其身份为毗沙门天王(图2.16右)。第6窟的护法组合与第15、16窟极其相似,左侧护法身份应该就是北方毗沙门天王。石钟山石窟这两组造像时间约为10世纪末,比石门山造像早一个多世纪,考虑到南诏大理和四川的交通往来,石门山天王的样式很可能受其影响。于是一头多臂像和多头多臂像的组合出现在石门山,只是二天王发展成为四天王。

图2.16　石钟山石窟第6窟护法神像（左）、第15与16窟（右）①

服饰是识别佛像身份的有效手段，其中尤以头冠最为关键。南宋绍兴以后（即上述第三期）天王像的服饰却呈现出文人化的倾向。

一是天王普遍佩戴进贤冠。如宝顶大佛湾毗卢道场窟口左侧第一位天王、安岳毗卢洞柳本尊行化图作证四天王中的两位均佩戴进贤冠。

二是天王常常在铠甲之外披上宽大的战袍，铠甲仅露出一角，甚至完全被遮挡。战袍袖口宽大，仅在下方系结，以示与文人袍服的区别。

出现这种变化的原因可能与宋代军戎服装的审美变化有关。②

（三）金刚力士像

四龛造像中有金刚力士像。金刚力士通常为两尊一组，大足北山造像中出现了八大金刚力士的组合。

1.石篆山第7龛

此龛主尊为三佛，龛口两侧有浅龛，龛内站金刚力士（图1.31下）。

①　图引自云南省剑川县文化体育局.南天瑰宝：剑川石钟山石窟[M].昆明：云南美术出版社，1998：33，62.

②　蔡子谔.中国服饰美学史[M].石家庄：河北美术出版社，2001：677.

金刚力士所在龛下方山岩嶙峋,上方祥云聚集。双目圆睁,眉骨凸起呈倒八字,眉心肌肉呈倒葫芦形。全身肌肉发达,青筋暴起,腹部前突,上身赤裸,胸前挂璎珞,下身系短裙,手脚戴钏,飘带绕身。头戴花冠,脸朝向龛内侧。龛左金刚力士龇牙露齿,左手上抬握拳,右手下垂持铜。龛右金刚力士咧嘴,左脚踩岩石上,左手五指张开,下撑岩石,右手持铜高举。

2.北山佛湾第136窟

此窟即转轮经藏窟,窟中心为八角形转轮经藏。正壁为释迦佛、迦叶、阿难、观音、大势至菩萨以及供养人,左壁为文殊、玉印观音、宝珠观音,右壁为普贤、日月观音、数珠手观音,左右壁靠近窟口的位置各立有一金刚力士,高1.72米。

金刚力士全身肌肉发达,神情凶悍,瞪目扬眉,眉头紧蹙,龇牙咧嘴。双耳戴珰,头顶束发,额上有冠,头冠在脑后系带固定,系带向上飞扬。脑后有圆形头光,另有飘带在头部上方飞扬,自肩部垂下,在身体两侧垂至地面。上身赤裸,胸前佩戴璎珞,手臂、手腕、脚踝戴钏。腰间系双层短裙,系带上有腰带,短裙内层在两腿间较长,垂至地面,赤足(图1.5)。

二金刚力士在相貌、衣饰、细节和动作上有所区别。左壁金刚力士露牙但不见口腔,两侧伸出獠牙,头冠正中有宝珠装饰,宝珠两侧有双翼,左手握方棱短棍,右手握拳,高举至头斜上方。右壁金刚力士嘴微微张开,可见舌尖,头冠正中为长方形牌饰,上方为瓣形装饰,左手在腰侧紧握短裙系带,右手挥舞铜至左肩。

三壁现存造像题记五件,分别为菩萨、弟子的造像赞助人所留,指明造像完成时间为绍兴十二年至十六年(1142—1146年),推测二金刚力士造像时间与之相同。

3.北山佛湾第130龛

此龛主尊为摩利支天，左右壁各立有四位金刚力士，分列上下两排（图1.3）。

八位金刚力士体量相当，大致为0.94米高、0.29米宽，相貌和服饰也基本相似，均为一头四臂或三头六臂像，其中三头六臂像一大头朝前，二小头分别位于两耳后方，表情凶恶。全身肌肉发达，龇牙咧嘴或双唇紧闭，瞪目扬眉，眉头紧蹙，相貌威猛，头顶束发，额上有冠，头冠系带在脑后飞扬。戴大耳珰。上身赤裸，露出三角形肚脐，胸前饰有璎珞，飘带在脑后扬起，状似头光，沿肩部垂下。下身穿两层裙，外层及膝，内层稍长，露出裙边，两腿间内裙长至脚踝。手臂、手腕、脚踝均戴钏，赤足，呈外八字站立。上排金刚力士腰带以下被下排神将遮挡。金刚力士的区别主要在于头臂数量、持物和细节，以下分述之。

左壁上排外侧金刚力士为一头四臂，脸部漫漶。前方两臂左臂下垂，手于腹前紧握圆环，右小臂平举至胸前，手中持物不明；后方两臂左臂上举，手持斧头，右臂下垂，手握羂索。内侧金刚力士为三头六臂。两臂上举，左上臂手持金刚杵，右上臂掌心向外，握拳向上竖起食指；胸前两臂左手捧珠，右手握短柄三叉戟；下方两臂右手斜持刀，左手托住刀背。

左壁下排外侧金刚力士为三头六臂。两臂上举，左上臂已毁，持物不明，右上臂手持短铜；两臂腹前挂剑于地；另有两臂下垂，左下臂已毁，右下臂手握飘带（蛇）。内侧金刚力士为一头四臂。前面两臂在胸前双手合掌捧如意；后面两臂，左手下垂至腹部，抓住右肩垂下的飘带，右手上抬至肩部，举起一方形宝印。

右壁上排外侧金刚力士为一头四臂。前方两臂于身前斜持一剑，左手握刃，右手握柄；后方两臂上举，左手托净瓶，右手头顶挥鞭。内侧金刚力士为三头六臂。两臂上举，左手握骷髅头形状的短锤，右手拄锡杖；两臂于身前右侧挂长刀，左手握刀柄，右手搭左手腕上；下方两臂,左手握虎面盾牌,右手持刀。

右壁下排外侧金刚力士为三头六臂。两臂上举,左手持羂索,右手握双头锏;两臂胸前握拳,捧一斧头;两臂下垂,左手紧握左肩垂下的飘带,右手持剑向上。内侧金刚力士为一头四臂。前方两臂左手下垂,手持长矛,右手握双头锏,上扬至左肩处;后方两臂,左手上托一莲瓣形钵,与肩齐平,右臂下垂,手掌握拳,食指伸出,指向斜上方。

4.北山多宝塔第146、148龛

两龛为一组砖雕金刚力士,位于北山多宝塔外一层北向佛龛两侧(图1.7)。

二金刚力士踩于岩石之上,双目圆瞪,佩戴耳珰,头戴宝冠,宝冠正面镶嵌宝珠,花形珠玉堆砌其后,顶部连接向后飘扬的菱形冠带,宝冠侧面有火焰围绕的圆形宝珠。上身裸露,飘带绕身,肌肉发达,下身着短裙,腰带于腹前系结并垂至两脚间,赤足,脚腕、手腕、手臂戴钏。一脚屈起,一脚前蹬,两脚掌外翻,脚趾大且张开。左手向下,于腹前持锏,锏把顶部为莲花托珠,锏身有节,菱形顶部尖锐。左侧金刚力士咧嘴露齿,右手朝左上方扬起,手掌朝前,五指张开。右侧金刚力士嘴闭合,下巴凸起,右手握拳向上扬起。右侧龛(第148龛)上部刻有题记"本州西方院砌塔邢先生小师周童造"和"伏家"。

三、托座力士像

大足、安岳的宋代造像中有托座力士像共计6龛。

(一)石篆山第7龛

龛口左右有立柱,立柱下有托座力士(图1.31上)。二托座力士形象类似,身材短小,蹲下后仅及护法力士大腿。卷发,高鼻深目咧嘴,肌肉发达,腹部突出,有三角形肚脐。上身赤裸,下身系短裙,手脚戴钏。双手上抬至头顶托起立柱,单腿跪立,左脚膝盖着地。

（二）北山多宝塔托座力士

多宝塔一层各边转角处有立柱，柱顶莲台上坐一力士，力士头顶莲台（图1.8）。力士为矮小壮硕的胡人像，大头短颈，深目咧嘴，卷发披肩，肚大胸厚，手脚赤裸、戴钏，有飘带绕身，双腿或蹲坐，或半跏趺坐，或结跏趺坐，手或托莲台，或置腿上。

（三）宝顶大佛湾第8龛

此龛主尊为千手千眼观音，左右各有两位胁侍，观音莲座下方有两位神将面朝莲台，双手托座。神将瞪目扬眉，双唇紧闭，表情肃穆，脸部微侧，头戴兜鍪，两侧有翼形护耳，身穿宽袖大袍，飘带绕身（图1.12）。

（四）安岳毗卢洞第8龛

毗卢佛莲座下有二力士托座。二力士仅腰部以上露出地面，脸向上昂，耸肩缩脖，瞪目扬眉，鼻孔大张，双唇紧闭，脸部肌肉凹凸，刻画出用力托座的神情。二力士头戴兜鍪，上顶红缨，两侧有翼形护耳，下有护颈，披肩巾，穿宽袖战袍，手心向上置佛座下托座（图1.47上）。

（五）安岳茗山寺第1龛

此龛为佛道合龛，左为帝王装道像，右为头戴花冠的毗卢佛结跏趺坐像。毗卢佛身下莲台左侧现存一尊托座力士（图1.51）。力士肌肉发达，腰部以下埋于地下，脸型方正，大嘴，双眼圆瞪似铜铃，耳垂肥大戴珰，额上束带，耳郭上方和头顶有怒发飞扬，披甲，胸前有圆形装饰，左手手掌张开，置于莲座下方。

（六）宝顶大佛湾第14窟

毗卢道场窟内正壁中心为一六边形塔亭，上有大日如来和诸佛菩萨。塔亭下方为莲座，莲座下有须弥山和蜷曲的蟠龙。塔亭后方隐入窟壁,塔基仅表现六边形中的三边,三条边的四个角上各有一力士,在莲座下用力托起须弥山(图1.16中)。

力士高眉深目,大嘴紧闭,满脸横肉,膝盖以下隐入地面。东边靠近正壁的力士头部束巾,身穿圆领窄袖长袍,腰部有抱肚,系腰带,身体贴近岩石,侧身面向窟门,侧脸昂头,右脚向前屈膝,左手持剑,插入岩石下,用力撬起。东边第二位力士现已不存,莲台上有残留痕迹。西边靠近窟门的力士头戴乌角巾,身穿圆领窄袖长袍,挽袖,身体面向岩石,昂头,左脸贴近岩石,双脚分开,蹲马步,两臂张开,双手抓住岩石。西边靠近正壁的力士头戴束发金冠,身穿宽袖长袍,袖口系结,腰间有抱肚,背部贴住岩石,身体向正壁方向倾斜,头随之扭转,双手向左伸出,扣住一块岩石。

值得注意的是,用"托座力士"命名此龛的力士或许并不恰当,因为莲座下的山岩间隐藏着一条蟠龙,它才是托座的真正角色,三位力士或撬动山岩,或推动、拉动山岩,其动势都保持在顺时针水平方向,因此他们的真正任务是协助蟠龙,让莲座顺时针旋转起来。再观察力士头部,宽嘴、大鼻孔、高眉骨,与大佛湾孔雀明王窟中的龙王非常相似,因此他们的真正身份可能是龙王的侍从,其主人正是莲座下的蟠龙(图2.17)。

图2.17　宝顶大佛湾第14窟主尊座下蟠龙与力士

　　综上，托座力士可分为两类：一类托座力士身材矮小、鼓腹、胡人面相，以手、头顶托座，上述（一）（二）属于此类；另一类为武将装束的半身像，以双手侧身托座，姿态类似宝顶大佛湾九龙沐太子图中托举水盆的二天王，上述（三）（四）（五）属于此类。后一类型均发现于与柳本尊信仰有关的造像，由裸身力士变为天王形应与大佛湾涅槃龛密迹金刚的造型思路一致。前一类型历史悠久，在印度巴尔胡特围栏和桑奇大塔上均有类似的托座力士，矮小凸肚，力大无穷（图2.18）[①]，敦煌和中原的石窟中也可见到类似的造像，因此大足此类造像可能是印度造像经西域、中原传播到四川的结果。这些造像可能也受到了四川本地造像传统的影响。在四川汉阙上方，四角各有一神蹲坐托举梁架（图2.19）[②]，其姿态与多宝塔的托座力士极为相似。

图2.18　桑奇大塔的托座力士　　　　　　图2.19　四川汉阙上的角神
　　　　　　（药叉）

---

① 图片来自维基百科。

② 重庆市文化局，重庆市博物馆，徐文彬，等．四川汉代石阙[M]．北京：文物出版社，
　1992：112，147．

第四节　本章小结

本章讨论宋代大足、安岳地区的天王、力士像。

依据天王、力士在龛窟中的角色与地位，本章将大足、安岳地区的天王、力士像归为三类分别讨论。第一类是作为龛窟主尊的天王、力士像。此类造像是唐五代毗沙门天王像的余绪。本章从服饰、姿态、随从等多方面入手，比较它们与大足、安岳早期毗沙门天王像的区别和联系，勾勒出毗沙门天王像向此类天王像演变的过程。

第二类是在叙事图像中的天王、力士像。此类天王、力士像涉及的题材包括佛传本生故事、柳本尊行化图和孔雀明王经变。

佛传本生故事造像主要集中在宝顶大佛湾和北山多宝塔，天王、密迹金刚出现在沐浴太子、逾城出家、涅槃等场景中。本章在图像辨识的基础上，尝试解释造像中天王、密迹金刚的特殊表现。柳本尊行化图中的天王像包括两类：一类是"炼踝图"中为柳本尊作证的四天王；另一类是站立于龛窟口或主尊两侧、护龛、护法的二天王。这两类天王体现出一文一武截然不同的风格，其原因在于它们在龛窟中担任不同的角色。孔雀明王经变中的天王出现在"天战阿修罗"的画面中，本章对此展开了图像辨识和解读。

第三类是仪仗图像中的天王、力士像。依据其位置分布，此类造像可分为护塔天王、力士像，护窟（龛）天王、力士像和托座力士像。

护塔天王、力士像的表现方式各异，体现出不同的身份角色。

护窟（龛）天王、力士像分别讨论了大足、安岳地区的二天王像、四天王像和金刚力士像。二天王像不同于四天王像有明确的身份、图像特征，位于佛教龛窟的龛窟口或主尊两侧的武将样式的护法神将均归入此类讨论；四天王像研究中分析了多头多臂天王像的出现与天王像人物风格趋向儒雅化的时代特征；金刚力士像既包括常见的二力士组合，也出现了独特的八大金刚力士组合。

托座力士可分为两类：一类托座力士为矮小胡人壮士形象，风格形成与源自印度的佛教美术传统和四川汉代图像传统有关；另一类为武将装束的半身像，均发现于柳本尊信仰相关龛窟。

第三章

十二药叉大将研究

十二药叉大将,又名药师十二神、药师十二神将,为药师佛护卫。

第一节　十二药叉大将造像

大足、安岳地区宋代药师佛龛共有四龛,分别是石门山第1龛、北山佛湾第107龛、第110龛和第147龛,以下分别做一说明。

(一)石门山第1龛

此龛位于石门山入口西侧的崖壁上,高1.64米,宽1.11米,深1.53米(尺寸取自《总录》)。主尊为药师佛,左手持钵,结跏趺坐于莲台上,项后有双重圆形头光。主尊左右为二胁侍（弟子）①立像，左像着弟子装，双手持锡杖，右像头部已毁，身着菩萨装，双手胸前合十。左右壁各有三立像，内侧二像为日光菩萨、月光菩萨，与主尊构成所谓"药师佛三尊像"，二菩萨外侧为二供养人，供养人外侧为两尊药叉大将，与外龛的十尊药叉大将组成十二药叉大将。

此龛在纵向上形成高低差别明显的四层：最高层为内龛正壁的药师佛和胁侍（弟子），第二层为内龛左右壁的日光菩萨、月光菩萨，第三层为内龛左右壁的供养人和药叉大将，第四层为外龛的药叉大将。

佛、胁侍（弟子）/菩萨、药叉大将、供养人的身高比例为13：11：8：7。

十二药叉大将服饰基本相同，仅存在少数细部差别。他们头戴束发金冠，身着铠甲、宽袖外袍，腰间有饰带，沿两腿间下垂至地面，另有一饰带两头固定在腰侧，以弧形在身前自然垂下。十二药叉大将姿势完全一致，为双手胸前合十（图1.36）。

此龛铭文中有南宋绍兴二十一年纪年："（漫漶）/（漫漶）/自（贤）（漫漶）/妆此（漫漶）药师佛一龛祈乞见存安乐/往生天世（世世生生福报无尽）/岁辛未绍兴（十一月二十七日记）/镌匠寒忠进刻/主持文道盛书"。

（二）北山佛湾第107龛

此龛临近北山佛湾南区入口，龛楣上有匾额题"七贤龛"三字，《总

---

① 主尊左右的二胁侍像一着沙门装并持锡杖、一着菩萨装，《总录》认为他们分别为地藏和观音。笔者认为，依据大足本地的造像传统，二胁侍身份应该是弟子，是工匠对传统的误读导致目前的造像组合。如北山佛湾第279、281龛五代时期的药师佛造像，主尊左右二胁侍，着弟子装（僧袍），一人手扶锡杖，一人双手合十，其头部斜上方悬浮一药钵状物体。且此两龛另有手扶锡杖的戴帽地藏，所以内龛中的锡杖应该是药师佛的法器，持锡杖者、头悬药钵者均为侍奉弟子。在石门山第1龛，二胁侍与上述五代龛中的二弟子姿势完全一样，一人手扶锡杖，一人双手合十，但是药钵落在了药师佛手中，工匠有可能在图式的传承中将持杖弟子误读为沙门装地藏，并据此为另一弟子穿上菩萨装，将之嫁接到另一地方图式中——观音地藏组合。

录》记为"七佛龛",实为药师经变龛(图3.1)。上层为药师七佛,正壁主尊腹前捧钵,两侧各有一胁侍,右侧胁侍持锡杖。主尊头顶有毫光射出,毫光在龛顶环绕出四个圈,圈内有楼阁,应为东方琉璃净土的表现。中间一层为十尊菩萨,即日光菩萨、月光菩萨和八大菩萨。下层正壁中间为供桌,供桌左侧燃灯,灯为多层重叠样式,右侧立幡,左右各有二比丘,比丘身后为供养人。此场景即《药师琉璃光如来本愿功德经》中供养药师佛的场景:

> "若能为彼皈依世尊药师琉璃光如来,请诸众僧转读此经,燃七层之灯,悬五色续命神幡……若有病人欲脱病苦,当为其人七日七夜受持八分斋戒,应以饮食及余资具,随力所办供养苾刍僧。昼夜六时礼拜供养彼世尊药师琉璃光如来,读诵此经四十九遍,然四十九灯……造五色彩幡长四十九搩手,应放杂类众生至四十九,可得过度危厄之难,不为诸横恶鬼所持。"[①]

下层左右壁为十二药叉大将,分上下两层朝向主尊跪拜(右壁上层居中神将侧身朝向龛口)(图1.1)。神将头戴束发金冠,发带向后飞

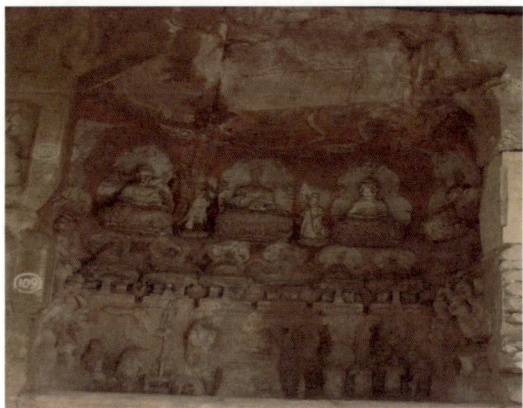

图3.1　北山佛湾第107龛

---

① 玄奘.药师琉璃光如来本愿功德经:卷1[M]//大正新修大藏经:第14册[M].东京:大正一切经刊行会,1934:407.

扬，脑后有圆形头光，身穿宽袖战袍，小臂戴臂护，腰间系抱肚、腹护，飘带垂地。神将双手胸前合掌，或抱拳。

（三）北山佛湾第110龛

此龛主尊已毁，仅可辨出药师佛为结跏趺坐于莲座上，存莲座与背光。主尊莲座下有蟠龙，胡文和据此判断此龛为宋代造像[①]（图3.2）。药师头顶有毫光射出，毫光沿龛顶左右各环绕出三个圈，内有结跏趺坐佛一尊，药师佛左右各站立一弟子（漫漶），左侧弟子肩部祥云升起，祥云托举一圆形物体，左侧弟子持锡杖。弟子外侧正壁和左右壁内侧共有四菩萨，结跏趺坐须弥座上，菩萨头戴花冠，脑后有圆形头光，全身披璎珞。正壁右侧菩萨漫漶严重，左侧菩萨双臂下垂，胸部以下漫漶，二菩萨可能为日光菩萨、月光菩萨。右壁菩萨漫漶严重，左壁菩萨左手放腰侧，右手上举，此二者应为八大菩萨中的两位。菩萨座下有数位供养人。正壁上方左、右侧拐角处有造像记。右侧仅存"赞表庆"三字，左侧较为完整："昌州在郭正东街居住奉善弟子张辉、刘氏夫妇，膝下男张师明、妇昝氏，次女道保娘，合家同命工开岩镌造、妆銮药师琉璃光如来、菩萨、药叉神将共一龛，永为历世瞻仰。"[②]

左右壁靠近龛口的位置为十二药叉神将，左右各六，上下分三排站立，上排神将腰部以下被下排神将遮挡。右壁六尊漫漶严重，左壁上排两尊保存相对完整，神将瞪眼闭嘴，神情肃穆，头戴束发金冠，发带向上飞扬，脑后有圆形头光，身穿宽袖战袍，或为圆领，或为交领，服饰细节漫漶，神将往主尊方向略微转身，头或朝向主尊，或朝向龛口（图1.2）。

① 胡文和. 四川摩崖造像中的《药师变》和《药师经变》[J]. 文博，1988(2)：51-56.

② 胡文和. 四川摩崖造像中的《药师变》和《药师经变》[J]. 文博，1988(2)：51-56.

图 3.2　北山佛湾第 110 龛

　　龛中各类造像头光尺寸依次递减：药师佛为大型身光，日光菩萨、月光菩萨为圆形头光，八大菩萨头光略小，弟子次之，神将最小，供养人无头光。

　　（四）北山佛湾第 147 龛

　　此龛位于宋建炎二年（1128 年）造如意轮菩萨龛右侧上方岩壁，龛高、宽仅 1 米。正壁为善跏趺坐药师佛和日光菩萨、月光菩萨，药师佛两侧站立二胁侍，左侧胁侍着僧袍，双手合十，头顶悬浮一圆形物体，似为药钵，右侧胁侍持锡杖。左右壁为八大菩萨，八大菩萨上方有二飞天。

　　十二药叉大将站立于龛口下缘（现存十一位），即药师佛和日光菩萨、月光菩萨莲座下方（图 1.6）。左侧第一位神将头戴金冠，第八位神将头戴兜鍪，有颈护，其余神将头部不存或漫漶严重，身着宽袖大袍，袖口系结，腰间系抱肚、腹护，有飘带下垂。从左数第五位神将双手在腹前挂剑，其余神将双手胸前合十。

　　药师佛、日光菩萨和月光菩萨、八大菩萨、弟子、十二药叉大将的身高比例大约为 2.2∶2∶1.2∶1.2∶1。

第二节　十二药叉大将的经典来源

十二药叉大将出自《药师经》。汉译《药师经》共有6个版本：①东晋龟兹沙门帛尸梨蜜多罗译《佛说灌顶拔除过罪生死得度经》一卷（《佛说灌顶经》第十二卷）；②南朝刘宋慧简译《药师琉璃光经》一卷[①]；③隋达摩笈多译《佛说药师如来本愿经》一卷；④唐玄奘译《药师琉璃光如来本愿功德经》一卷；⑤唐义净译《药师琉璃光七佛本愿功德经》二卷；⑥旧《药师经》一卷（《仙游维那离经》第十三卷，见《觉禅钞》卷三记载[②]）。除慧简本以外，其余5本均收入《大藏经》。各本内容大致相同，最大的区别是帛尸梨蜜多罗本、达摩笈多本、玄奘本为药师一佛，义净本为药师七佛。

综合各本，《药师经》的核心内容是东方净琉璃世界有佛号药师琉璃光如来，发十二大愿，令诸有情，所求皆得。东方净土世界中，药师佛有二菩萨辅佐，分别为日光（遍照）菩萨、月光（遍照）菩萨。修持该法者在临命终时，有八大菩萨引路升天，八大菩萨分别为文殊师利菩萨、观世音菩萨、得大势菩萨、无尽意菩萨、宝檀华菩萨、药王菩萨、药上菩萨、弥勒菩萨。十二药叉大将出现在《药师经》的最后：

"尔时，众中有十二药叉大将，俱在会坐，所谓：宫毗罗大将，伐折罗大将，迷企罗大将，安底罗大将，頞你罗大将，珊底罗大将，因达罗大将，波夷罗大将，摩虎罗大将，真达罗大将，招杜罗大将，毗羯罗大将：此十二药叉大将，一一各有七千药叉，以为眷属。

① 《佛说药师如来本愿经》序："昔宋孝武之世，鹿野寺沙门慧简已曾译出在世流行。"见达摩笈多.佛说药师如来本愿经[M]//大正新修大藏经：第14册.东京：大正一切经刊行会，1934：401.

② 大正新修大藏经：图像部第4册[M].东京：大正一切经刊行会，1934：412.

　　"同时举声白佛言：'世尊！我等今者蒙佛威力，得闻世尊药师琉璃光如来名号，不复更有恶趣之怖。我等相率，皆同一心，乃至尽形归佛法僧，誓当荷负一切有情，为作义利，饶益安乐。随于何等村城围邑，空闲林中，若有流布此经，或复受持药师琉璃光如来名号恭敬供养者，我等眷属卫护是人，皆使解脱一切苦难，诸有愿求悉令满足。或有疾厄求度脱者，亦应读诵此经，以五色缕，结我名字，得如愿已，然后解结。'

　　"尔时，世尊赞诸药叉大将言：'善哉！善哉！大药叉将！汝等念报世尊药师琉璃光如来恩德者，常应如是利益安乐一切有情'。"①

　　因为十二药叉大将的护持，《药师琉璃光如来本愿功德经》亦名《说十二神将饶益有情结愿神咒》，由此可见十二药叉大将在药师佛系统中的重要性。

一、十二药叉大将的名号与身份

　　十二药叉大将的名号在佛经各本中略有区别（表3.1）。

表3.1　十二药叉大将的名号

梵音	帛尸梨蜜多罗本	达摩笈多本	玄奘本	义净本
Kiṃbhīra	金毗罗神王	宫毗罗大将	宫毗罗大将	宫毗罗大将
Vajra	和耆罗神王	跋折罗大将	伐折罗大将	跋折罗大将
Mekhila	弥佉罗神王	迷佉罗大将	迷企罗大将	迷企罗大将
Antila	安陀罗神王	安捺罗大将	安底罗大将	頞儞罗大将
Anila	摩尼罗神王	安怛罗大将	頞儞罗大将	末儞罗大将
Saṇṭhila	素蓝罗神王	摩涅罗大将	珊底罗大将	娑儞罗大将
Indala	因达罗神王	因陀罗大将	因达罗大将	因陀罗大将

---

①　玄奘.药师琉璃光如来本愿功德经［M］//大正新修大藏经：第14册.东京：大正一切经刊行会，1934：408.

续表

梵音	帛尸梨蜜多罗本	达摩笈多本	玄奘本	义净本
Pāyila	婆耶罗神王	波异罗大将	波夷罗大将	波夷罗大将
Mahāla	摩休罗神王	摩呼罗大将	摩虎罗大将	莎呼罗大将
Cindāla	真持罗神王	真达罗大将	真达罗大将	真达罗大将
Caundhula	照头罗神王	招度罗大将	招度罗大将	朱杜罗大将
Vikala	毗伽罗神王	鼻羯罗大将	毗羯罗大将	毗羯罗大将

僧一行著《十二神将诠集》①,将十二药叉大将与方位、地支联系在一起,并为每一位药叉大将配备了"本地"(表3.2)。

表3.2　十二药叉大将的方位、地支、本地

名号	方位	地支	本地
金毗罗	北	微明即亥神	弥勒
和耆罗	西	阿魁即戌神	得大势
弥伽罗	西	从魁即酉神	阿弥陀
安陀罗	西	传送即申神	观音
摩尼罗	南	小吉即未神	摩利支天
宗蓝罗	南	胜先即午神	虚空藏
因特罗	南	太一即巳神	地藏
婆耶罗	东	天冈即辰神	文殊
摩休罗	东	大衡即卯神	药师
真陀罗	东	功曹即寅神	普贤
照头罗	北	大吉即丑神	金刚手
毗伽罗	北	神后即子神	释迦如来(或陀罗尼菩萨)

---

① 觉禅.觉禅钞:卷3[M]//大正新修大藏经:图像部第5册.东京:大正一切经刊行会,
　　1934:29.

上述十二药叉大将与十二地支的对应并非一成不变,如日本天台宗僧承澄于13世纪编撰的《阿婆缚抄》就收录有各种不同的对应方法:"一说金毗罗寅,乃至毗迦罗丑也。顺延。是净土标说也。……《传教大师传》云:是则自寅时为当日分心也。此时明相始现,故也云。一说金毗罗丑也,次第推前。是铁□山间有鸡,丑时始鸣,自此开传,渐世间鸡鸣也。故以鸡惊时为今日分心也。依之汉朝以丑为正月……一说金毗罗子也,次第推前,是唐国以子为今日分,为正月月建世有之。"①

二、十二药叉大将的经典形象

上述佛经中没有描述十二药叉大将的具体形象,只有"神王""药叉""大将""神将"等称谓,可推知他们的早期来源是印度的各类自然神,后来被吸收入佛教成为护卫药师佛和药师法门的护法神。不空译《药师如来念诵仪轨》载:

"以种种杂宝庄严坛。安中心一药师如来像,如来左手令执药器,亦名无价珠,右手令作结三界印一,着袈裟结跏趺坐令安莲华台,台下十二神将……如来威光中,令住日光月光二菩萨。"②

仪轨虽然对药师形象有详细描述,但涉及十二药叉大将时,仅指明他们在佛坛上的位置——"台下十二神将",未说明具体特征,因此我们仅能由"神将"二字推断其为武将装束。

我国文献中现存最早关于十二药叉大将形象的记载见元代沙啰巴译《药师琉璃光王七佛本愿功德经念诵仪轨供养法》:

"药叉大将宫毗罗,其身黄色执宝杵……药叉大将跋折罗,其

---

① 大正新修大藏经:图像部第9册[M].东京:大正一切经刊行会,1934:1050.

② 不空.药师如来念诵仪轨[M]//大正新修大藏经:第19册.东京:大正一切经刊行会,1934:29.

身白色执宝剑……药叉大将迷企罗,其身黄色执宝棒……药叉大将安底罗,其身绿色执宝锤……药叉大将頞儞罗,其身红色执宝叉……药叉大将珊底罗,其身烟色执宝剑……药叉大将因陀罗,其身红色执宝棍……药叉大将波夷罗,其身红色执宝锤……药叉大将摩虎罗,其身白色执宝斧……药叉大将真达罗,其身黄色执羂索……药叉大将招住罗,其身青色执宝锤……药叉大将毗羯罗,其身红色执宝轮。"①

更早的记录目前只能在日本佛教文献中找到。在成书于12世纪的日本佛教著作《觉禅钞》中,日本真言宗僧人觉禅(1144年—?)节录《妙见神咒经》,记载十二药叉大将"皆着天衣璎珞,坐磐石上",并且每一位的形象和方位与十二生肖相配:

"东方寅位画甲寅将军,虎头人身,右持棒。

"卯位丁卯从神,兔头人身,左棒。

"辰位甲辰将军,龙头人身,持铁锤。

"巳位丁巳从神,蛇头人身,持戟。

"午位甲午将军,马头人身,持戟。

"未位丁未从神,羊头人身,持槌。

"申位甲申将军,猴头人身,持刀。

"酉位丁酉从神,鸡头人身,持刀。

"戌位甲戌将军,狗头人身,持槌。

"亥位丁亥从神,猪头人身,持铁钩。

"子位甲子将军,鼠头人身,持钩。

"丑位丁丑从神,牛头人身,持槌。"②

① 沙啰巴.药师琉璃光王七佛本愿功德经念诵仪轨供养法[M]//大正新修大藏经:第19册.东京:大正一切经刊行会,1934:47.

② 大正新修大藏经:图像部第4册[M].东京:大正一切经刊行会,1934:418.

此外，《阿婆缚抄》节录了《净琉璃净土摽》①中关于十二药叉大将颜色、坐骑、持物等特征的记载：

"第一宫毗罗，伊舍那方，可畏大将，其色黄摽，驾虎，执战茶剑，左手拳押左腰，或云作东北方；

"第二伐折罗，因达方，金刚大将，其色青，眼赤，驾兔，执三股伐折罗，左手屈风仰左，或云作东方；

"第三迷企罗，阿揭挈方，护法大将，其色带炎上青烟，驾龙，执铧，铧上炎旗二手调之，或云作东南方；

"第四安俪罗大将，阿揭多方，护比大将，其色带炎上黄烟，驾蛇，执战茶铖，左手举申风指火珠之，或云作南方；

"第五安底罗，阎摩罗方，正法大神，其色赤放炎，雷眼火发，驾两翼马，左执伐月卢，右执镜上炎之，或云作西南方；

"第六珊底罗，涅哩底方，罗刹大将，其色黄赤，作罗刹像，驾羊，左执镜，右执战茶剑，或执伐只哩之，或云作西方；

"第七因达罗，涅哩底方，帝使大将，其色黄色，驾猴，左执白拂，右执铃令瞻之，或云作西方北方；

"第八跛伊罗，传蔷茶方，狼龙大将，其色白错，驾金翅鸟，左执如意珠，右执金刚铧，或云作北方；

"第九摩侯罗，嚩庚方大将，或云折风大将，驾狗，狗形可畏，所谓天狗，左拳申风指轮，右曲风其色如黑风，或云作上方；

"第十真达罗，嚩庚方，折水大将，驾猪，右执钩，左屈地水其色如黑水，或作下方；

"第十一招杜罗，毗沙门方，护世大将，又摩尼大将，驾鼠，右执如意珠，左执羂索，其色夏日黑云色之，或云作西方；

"第十二毗羯罗，伊舍那方，勤忿大将，驾牛，即水牛也，手执

---

① 堤重男认为《净琉璃净土摽》并非来自中国的经典，而是日本本土产生的典籍。见堤重男．藥師十二神將の一考察[J]．密教研究，1938（第67号：特輯佛教美術の研究）．

宝弓箭，其色黑青，但稍灭前色，或云亥方。

　　"示云：凡世间流布形象样子也。或头冠上各戴当兽，或各乘当兽，有一眷属，兽头人身，执器杖，或踏时数兽，谓午神踏九马，未神踏八羊也。"①

　　总结上述经典描绘，可见十二药叉大将的共同特征是多为武将形象，持法器，与十二生肖相配。神将与生肖相配的方式有多种，《妙见神咒经》中为兽头人身，《净琉璃净土摽》中为神将驾兽，此外还有神将头顶饰兽等，神将亦有坐姿、立姿之分。比如日本京都醍醐寺藏后堀河天皇嘉禄三年（1227年）纸本墨画《十二神将图像》收录有五种共六十幅十二神将，其样式就包括"立像、兽头人身坐像、骑兽像、巨势金刚样像"②等。

　　醍醐寺本的兽头人身坐像中，十二药叉大将皆身披铠甲，手持法器，坐地或跪地，大部分神将为兽头，但是上排两位——招杜罗（鼠）和毗羯罗（牛）为人头，兽首位于兜鍪上方，且神将为立像（图3.3）③。兽首人身的十二药叉大将还可见《觉禅钞》图像No.8—19，和醍醐寺本的不同之处在于，兽首之下未着戎装，改为圆领长衫和长裤（图3.4）④。《觉禅钞》中收录的另一套十二药叉大将No.20-31身披铠甲，或头戴兜鍪，或怒发冲冠，头顶均装饰兽首（图3.5）⑤。日本奈良国立博物馆藏13世纪木刻十二药叉大将也为此类样式（图3.6）⑥。

①　大正新修大藏经：图像部第8册[M].东京：大正一切经刊行会，1934：1049.

②　奈良国立博物馆.醍醐寺のすべて[M].奈良：奈良国立博物馆，2014：274.

③　奈良国立博物馆.醍醐寺のすべて[M].奈良：奈良国立博物馆，2014：127.

④　大正新修大藏经：图像部第4册[M].东京：大正一切经刊行会，1934：419-420.

⑤　大正新修大藏经：图像部第4册[M].东京：大正一切经刊行会，1934：421-422.

⑥　奈良国立博物馆.镰仓の佛像[M].奈良：奈良国立博物馆，2014：112-114.

图3.3　醍醐寺藏十二药叉大将

图3.4　《觉禅钞》图像No.8—19

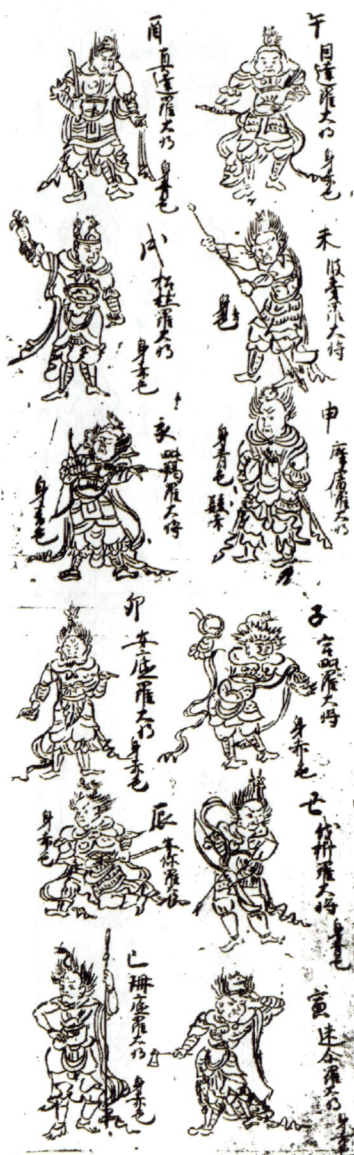

图 3.5　《觉禅钞》图 No.20—31，世流
布像

图 3.6　奈良国立博物馆藏
十二药叉大将

　　值得注意的是,十二药叉大将图像的排序方式有两种。一种是按照药师经中十二神将的序列排序,即以宫毗罗大将(虎)为首,毗羯罗大将(牛)为尾,上述各文献和《觉禅钞》图像No.8—19均为此种方式。但是图像中还可以看到另一种排序,以招度罗大将(鼠)为首,真达罗大将(猪)收尾,即按照十二地支(生肖)的顺序排位,如醍醐寺本和《觉禅钞》图像No.20—31均为此类,而且《觉禅钞》图像还注明为"世流布像",即民间流行的十二神将排序,并非按照佛经仪轨排序,而是按照普通人更熟悉的十二地支(生肖)排序,这也体现出佛教逐渐世俗化的演变过程。

第三节　十二药叉大将造像溯源

　　药师佛的形象在印度和中亚地区鲜有出现,在汉地最早出现在山西云冈石窟,如云冈第11窟西壁有药师佛像,铭文记"造药师琉璃光佛一区",龙门古阳洞南壁雕凿有与弥勒、观音同处一龛的药师佛,铭文记"孝昌元年七月廿七日,比丘尼僧□……敬造弥勒像一堪(龛),(并)观音、药师"。但是这些早期的药师佛造像中都没有十二药叉大将。最早的十二药叉大将出现在敦煌的隋窟中。

一、敦煌的十二药叉大将

　　隋代以前的敦煌石窟中不见药师经变题材,隋代药师经变现存四铺,代表性图像可见莫高窟第417窟。该窟后部平顶上绘制有药师经变一铺,构图分上下两层,上层为药师佛和八大菩萨,十二药叉大将位于下层,成一单排,左右各六尊,朝向药师佛躬身胡跪,双手捧燃灯,做供养状。神将头顶有圆形头光,头戴冠,肩部披巾,下着短裙,飘带绕身,状似天人(图3.7)。

图 3.7　莫高窟第 417 窟药师经变①

　　药师经变在唐代洞窟中的规模较大，多位于北壁，与南壁的阿弥陀经变相对，左右常常还配置有"九横死"与"十二大愿"。代表性的图像可见于初唐第 220 窟，该铺药师经变上有贞观十六年（642 年）题记。十二药叉大将位于药师七佛两侧，身披铠甲，头戴宝冠，宝冠上装饰动物图像，其中可辨认出蛇、兔、虎等②，这是图像中见到最早的十二药叉大将与十二生肖配对的例子。

　　敦煌藏经洞出土的药师经变绢画中也有十二药叉大将，编号 Ch.lii.003 的晚唐《药师净土变相图》中，十二药叉大将位于下方左右的宝台上，身披甲胄，头戴花冠，双手或合十或捧物，朝向主尊胡跪。

　　除了武将样式，西北地区还出现过文官样式甚至女性形象的十二药叉大将。

　　松本荣一《敦煌画の研究》插图 19 为柏孜克里克石窟第 29 窟主室南壁的药师经变，现藏于德国。十二药叉大将位于药师佛须弥座左侧，与七曜相对。十二药叉大将分上下三排站立，每排四人，身着宽袖交领大袍，男女交叉站立，女性双手作揖，男性手持笏板。虽然服饰与

---

①　图引自敦煌研究院.中国石窟 敦煌莫高窟 第二卷[M]. 2 版.北京：文物出版社，2013：图版 30.

②　罗华庆.敦煌壁画中的《东方药师净土变》[J].敦煌研究，1989(2)：5-18.

姿势相似,但是从其头冠上装饰的动物可辨认其身份。

（药师佛）　鼠头（男）　牛头（女）　虎头（男）　兔头（女）

　　　　　　龙头（男）　蛇头（女）　马头（男）　羊头（女）

　　　　　　猴头（男）　鸡头（女）　狗头（男）　猪头（女）

此处十二药叉大将的排序也是依照十二生肖的顺序。

文官样式的十二药叉大将并非仅此一例。肃北五个庙石窟第3窟主室窟顶有一铺绘制于西夏时期的药师经变,十二药叉大将立于莲座两侧,"戴冠穿大袍,双手持笏,完全是一副文职官员的装束"①。

帛尸梨蜜多罗译本中记载十二药叉大将及其眷属听佛讲经"舍鬼神形得受人身":

　　　"座中诸鬼神有十二神王。……此诸鬼神别有七千以为眷属,皆悉叉手低头,听佛世尊说是药师琉璃光如来本愿功德,莫不一时舍鬼神形得受人身,长得度脱无众恼患。"②

文官甚至女性形象或许表现的正是"长得度脱"之后的十二药叉大将。

二、四川宋代以前的十二药叉大将

下文将讨论画史记载和石窟遗迹中的四川十二药叉大将图像,追溯大足宋代造像的来源与发展脉络。

（一）画史记载

关于四川十二药叉大将造像的最早记载见于唐道宣《集神州三宝感通录》卷一"益州晋源塔者"词条:

---

① 罗华庆.敦煌壁画中的《东方药师净土变》[J].敦煌研究,1989(2):5-18.

② 帛尸梨蜜多罗.佛说灌顶经:卷12 [M]//大正新修大藏经:第21册.东京:大正一切经刊行会,1934:536.

"益州北百里雒县塔者，在县城北郭下宝兴寺中，本名大石，基相同前。隋初有天竺僧昙摩掘叉，远至东夏礼育王塔，承蜀三塔，又往礼拜。至雒县大石寺塔所，敬事已讫，欲往成都宿两女驿。将旦闻左右行动声，叉曰：'是何人耶？'妄相恐动。空中应曰：'有十二神王，从本国来，所在拥护，明日当见成都塔。今欲西还，与师别耳。'叉曰：'既能远送，何不现形？'神即现形。又为人善画，便一一貌之，既遍形隐。及至成都礼大石塔讫，诜律师乃依图刻木为十二神像，庄饰在于塔下。今犹见在云。"①

这一神迹在《历代名画记》中亦有记载。虽然史料中并未指明昙摩掘叉所绘来自天竺的"十二神王"是否为十二药叉大将，但是十二药叉大将在帛尸梨蜜多罗本中的译名即为"十二神王"。十二神像"庄饰在于塔下"，其布局方式应为绕塔一圈。类似的形式在河北正定隆兴寺的宋代香炉上可以看到（图3.8）②，香炉上方为圆碗形，外部浮雕十三尊像，正面为一尊托钵药师佛，十二药叉大将环绕一圈。

北宋黄休复作《益州名画录》记录了当时在成都还能看到的寺观壁画，这些壁画大部分为跟随唐皇入蜀的长安画家创作。比如宝历、太和至开成年（825—840年）寓居成都的长安画家赵公祐"尤善佛像、天王、神鬼"③，画史记载他"天资神用，笔夺化权，应变无涯，罔象莫测，名高当代，时无等伦，数仞之墙，用笔最尚风神、骨气，唯公祐得之，'六法'全矣"④，在黄休复的时代，大圣慈寺药师院师堂内还保留有赵公祐所画"四天王并十二神"⑤。同样在开成年间寓居成都的范琼

---

① 道宣.集神州三宝感通录：卷1［M］//大正新修大藏经：第21册.东京：大正一切经刊行会，1934：408.

② 王巧莲，杜平.一座浮雕药师佛及十二神将的石香炉［J］.文物春秋，2003（3）：60-62.

③ 黄休复.益州名画录［M］.何韫若，林孔翼，注.成都：四川人民出版社，1982：13.

④ 黄休复.益州名画录［M］.何韫若，林孔翼，注.成都：四川人民出版社，1982：13.

⑤ 黄休复.益州名画录［M］.何韫若，林孔翼，注.成都：四川人民出版社，1982：13.

"善画人物、佛像、天王、罗汉、鬼神"[1]，经常与陈皓、彭坚合作创作，圣兴寺大殿中有他们的作品"药师、十二神"[2]。

图3.8 正定隆兴寺香炉上的十二药叉大将

(二)石窟遗迹

现存考古材料表明，四川石窟中的药师题材造像早在盛唐时期已经出现[3]。目前能见到的最早的十二药叉大将在夹江千佛岩和安岳千佛寨，均开凿于中唐时期。

夹江千佛岩第150龛[4]主尊为药师佛，结跏趺坐莲台上，左右为日光菩萨、月光菩萨，另有弟子、胁侍、供养人数尊(图3.9)。龛口两侧有力士。以莲台的高度为界，龛壁分为上下两层，十二药叉大将位于正壁和左右壁下层，其中左右壁各四尊(左壁由于残损，仅可见三尊)，佛、菩萨之间有两尊。十二药叉大将头戴兜鍪或戴束发金冠，身着铠

---

[1] 黄休复.益州名画录[M].何韫若，林孔翼，注.成都：四川人民出版社，1982：15.

[2] 黄休复.益州名画录[M].何韫若，林孔翼，注.成都：四川人民出版社，1982：16.

[3] 安岳千佛寨第24龛题记："药师琉璃光佛一龛……天宝四载……"可惜此龛造像已不存。

[4] 紧邻的第152、153龛的纪年分别为"开元二十七年"(739年)、"先天元年"(712年)，胡文和据此判断第150龛开凿时间"不晚于中唐"。见胡文和.四川摩崖造像中的《药师变》和《药师经变》[J].文博，1988(2)：52.

甲，或双手合十，或持剑、槌等不同武器。

图3.9　夹江千佛岩第150龛

　　安岳千佛寨第96龛规模较大，分为上下两层，上层为药师佛和八大菩萨，左右有"十二大愿"与"九横死"，下层为十二药叉大将（图3.10）。十二药叉大将漫漶严重，分为两组左右站立，身披铠甲，腿裙及膝，双手多为身前合十姿势，形式与敦煌一致。

图3.10　安岳千佛寨第96龛

晚唐五代时期是四川药师佛造像活动的高潮，造像地点集中在资中和大足。

资中西崖有五龛药师经变，均配置十二药叉大将。第3、7、26龛中，十二药叉大将位于正壁主尊药师佛两侧，分上下两排站立，身披明光铠或两裆铠；第9龛中，十二药叉大将位于正壁下层；第30龛中，十二药叉大将位于龛下沿。

资中重龙山有两龛五代造像中配置十二药叉大将。纪年为前蜀永平三年（913年）的第157龛，十二药叉分为两组，站立于左右壁；纪年为后蜀广政十五年（952年）的第28龛，十二药叉大将位于正壁下方，双手合十胡跪①。

大足北山佛湾的五代药师佛龛共计五龛，包括第190、255、256、279、281龛，十二药叉大将均位于龛口下部。

第四节　大足宋代十二药叉大将的特点

一、开凿时代

以上诸龛中，仅有石门山第1龛有明确纪年（1151年），北山佛湾的药师佛龛均无纪年，其开凿年代需要结合佛湾其他龛窟以及药师佛造像的图像结构和风格特征判断。

北山佛湾的药师佛龛均位于南区，除宋代三龛，还有第190、255、256、279、281龛，此五龛位于五代造像集中的南区南部崖面，其中第279、281龛有明确纪年，分别为后蜀广政十八年（955年）、广政十七年（954年）。第281龛题记记造像内容"敬镌造药师琉璃光佛八菩萨十

---

① 王熙祥, 曾德仁. 四川资中重龙山摩崖造像[J]. 文物, 1988(8): 19-30.

二神王一部众并七佛三世佛阿弥陀佛尊胜经幢一所兼地藏三身……"，第279龛题记有"造东方药师佛日光月光八菩萨十佛四地藏十二神王并经幢地藏等"，相比其他三龛，此二龛造像内容更丰富，但是五代药师佛龛的图像结构与风格特征基本一致。

龛进深较浅，分为内外两部分，前者为主体，正壁为体量较大的药师佛、日光菩萨、月光菩萨，三者皆为善跏趺坐，药师佛两侧站立二胁侍，一人持杖，一人头顶有悬浮的药钵，左右壁站立体量较小的八大菩萨，以上为内层造像，外层造像内容为站立的十二药叉大将。十二药叉大将的特点如下：一是位置在内层造像的下方；二是保留个性特征，武器、服饰、姿态存在个别差异；三是体量与八大菩萨相当，或比八大菩萨略大（图3.11）。

图3.11　北山佛湾第279龛十二药叉大将（局部）

第147龛是处于过渡阶段的一龛，配置与五代龛几乎一致，但是十二药叉大将的体量发生了变化，高度略低于八大菩萨，二者比例为1.2∶1。这一特点在其他宋代龛窟中更为明显。开凿于1151年的石门山第1龛，十二药叉大将的位置仍在外层下方，但是菩萨的身高约为神将身高的1.6倍。北山佛湾第107龛和110龛中八大菩萨与十二药叉大将的等级差别更为明显,八大菩萨均结跏趺坐于须弥座上,而十二药叉大将则多排并列于左右壁接近龛口的位置,体量明显小于八大菩萨。

除体量和位置外,大足宋代十二药叉大将的个性特征几乎消失,服饰、姿态几乎完全一致,不持法器,双手胸前合掌或抱拳(表3.3)。

表3.3 大足宋代十二药叉大将特征

龛号	位置	体量	个性特征
北山佛湾第147龛	外部下层	小于八大菩萨	服饰、法器有区别
石门山第1龛	外部下层	小于八大菩萨	无
北山佛湾第107龛	左右壁	小于八大菩萨	无
北山佛湾第110龛	左右壁	小于八大菩萨	无

从上述三个特征判断,宋代四龛药师佛的开凿年代或为北山佛湾第147龛最早,石门山第1龛次之,北山佛湾第107龛和第110龛最晚。

二、十二生肖的出现与消失

和其他护法神像相比,十二药叉大将与十二生肖的配对是其最突出的图像特征。我国西北地区和日本的图像具备这一特征,四川的图像中则无。下文将尝试探讨其中缘由。

十二兽与十二地支相配组成十二生肖,早在先秦文献中已有记载[①]。与后世十二生肖完全一致的配属最早见于东汉王充的《论衡·物势》:

> "寅木也,其禽虎也;戌土也,其禽犬也;丑、未亦土也,丑禽牛,未禽羊也。木胜土,故犬与牛羊为虎所服也。亥水也,其禽豕也;巳火也,其禽蛇也;子亦水也,其禽鼠也;午亦火也,其禽马也……午马也,子鼠也,酉鸡也,卯兔也。水胜火,鼠何不逐马?

---

① 可见于湖北云梦睡虎地和甘肃天水放马滩出土的秦简。

金胜木，鸡何不啄兔？亥豕也，未羊也，丑牛也。土胜水，牛羊何不杀豕？巳蛇也，申猴也。火胜金，蛇何不食猕猴？"①

即十二生肖系统在东汉已经固定。为何要以动物配置地支？隋代萧吉解释为：

"取十二属者，皆以其知时候气，或色或形，并应阴阳故也。"②

最早将十二药叉大将与十二地支联系起来的佛教文献为僧一行《十二神将诠集》。僧一行生于唐高宗咸亨四年（673年），比之早30年的敦煌莫高窟第220窟已经出现了冠上有动物的十二药叉大将。因此《十二神将诠集》不是造像的依据，更可能是民间信仰新发展的总结。那么，敦煌配置十二生肖的药叉大将从何而来？

第一个可能的原因是佛经"十二兽"之说的影响。

虽然十二生肖是中国本土的产物，但是佛教经典中也有类似的"十二兽"，在汉译佛经中最早出现于北凉昙无谶翻译的《大方等大集经》"净目品"中。经文记阎浮提外四方海中各有一山，每座山中有三个洞窟，窟内有一兽修行，以鼠为首，十二兽轮流到世间教化众生③（表3.4）。

表3.4　《大方等大集经》记载"十二兽"

方位	山名	窟名	兽名
南方	琉璃	种种色	蛇
		无死	马
		善住	羊
西方	颇梨	上色	猴
		誓愿	鸡

---

① 王充.论衡校注：第3卷[M].张宗祥，校注.郑绍昌，标点.上海：上海古籍出版社，2010：216.

② 萧吉.五行大义[M].台北：武陵出版有限公司，1992：376.

③ 昙无谶.大方等大集经：卷23[M]//大正新修大藏经：第13册.东京：大正一切经刊行会，1934：167-168.

续表

方位	山名	窟名	兽名
		法床	狗
北方	菩提月	金刚	猪
		香功德	鼠
		高功德	牛
东方	功德相	明星	狮子
		净道	兔
		喜乐	龙

《大方等大集经》记载的"十二兽"和中国本土的十二生肖相比，区别仅在于十二生肖中的老虎被替换为狮子，其余各兽及其排序与十二生肖无异。

昙无谶的译经活动主要在凉州地区，在敦煌影响很大。虽然药师经中并无"十二兽"之说，但是考虑到昙无谶及其译经在敦煌的影响力，以及两种"十二兽"系统的相似度，民间可能将二者合二为一，因此，配置十二生肖的药叉大将造像最早出现在敦煌并不奇怪。

第二个可能的原因是北斗与十二生肖关系的引申。

柏孜克里克石窟第29窟药师经变中，主尊左侧为十二药叉大将，右侧为北斗九曜（太阳、太阴、荧惑、辰星、岁星、太白、镇星、罗睺、计都），松本荣一认为九曜出现在药师经变中的原因是《佛说药师如来本愿经》中有"星宿变怪难、日月薄蚀难"[1]之语[2]。考察这两句话的上下文：

"复次，大德阿难！灌顶刹利王等，若灾难起时——所谓人民疾疫难、他方侵逼难、自界反逆难、星宿变怪难、日月薄蚀难、非时

---

① 达摩笈多.佛说药师如来本愿经［M］//大正新修大藏经：第14册.东京：大正一切经刊行会，1934：404.

② 松本荣一.敦煌画の研究［M］.京都：同朋舍，1937：88.

风雨难、过时不雨难——尔时，此灌顶刹利王，当于一切众生，起慈愍心，赦诸系闭，依前所说供养法式，供养彼世尊药师琉璃光如来。"①

救脱菩萨告诉阿难在灾难发生的时候应该供养药师佛，而"星宿变怪难、日月薄蚀难"仅是菩萨列举出的各种灾难中的两种。

在柏孜克里克第29窟中，九曜的地位与十二药叉大将齐平，松本荣一的解释难免牵强。更合理的思路应是将九曜的出现与十二生肖配备药叉大将这两个现象结合起来考虑。

配备十二生肖的药叉大将与北斗九曜相配并非偶然。隋代萧吉解释十二生肖的本质：

"……十二属，并是斗星之气，散而为人之命，系于北斗，是故用以为属。"②

十二生肖乃"斗星之气"，与九曜同根同属，配置十二生肖的药叉大将分享了这一属性，自然就能与九曜并列。

考察十二生肖最早出现的窟——敦煌莫高窟第220窟的图像，值得注意的是，主尊并非药师佛单尊像，而是药师七佛（图3.12）。药师信仰与北斗信仰之间存在不少相关之处，如《药师琉璃光如来本愿功德经》中记载像前燃七灯续命的供养法③与北斗七星供之延生法非常相似④。而在稍晚的佛经《佛说北斗七星延命经》中，北斗七星即为东

① 达摩笈多.佛说药师如来本愿经[M]//大正新修大藏经：第14册.东京：大正一切经刊行会，1934：404.
② 萧吉.五行大义[M].台北：武陵出版有限公司，1992：376.
③ "然四十九灯。造彼如来形像七躯。一一像前各置七灯。一一灯量大如车轮。乃至四十九日光明不绝。"见玄奘.药师琉璃光如来本愿功德经[M]//大正新修大藏经：第14册.东京：大正一切经刊行会，1934：407.
④ 萧登福.道家道教影响下的佛教经籍[M].台北：新文丰出版公司，2005：718.

方药师七佛的化身①。以北斗与药师佛合一的认知为前提,作为"斗星之气"的十二生肖与护卫药师佛的十二药叉大将自然能合二为一。

图 3.12 敦煌莫高窟第 220 窟药师经变②

至于僧一行为什么会撰写《十二神将诠集》阐释十二药叉大将与十二地支(生肖)的关系,也可能与他熟知北斗供养法、著有《北斗七星护摩法》等有关。

四川的十二药叉大将为什么没有配置十二生肖? 从图像的角度

---

① "南无贪狼星。是东方最胜世界运意通证如来佛。南无巨门星。是东方妙宝世界光音自在如来佛。南无禄存星。是东方圆满世界金色成就如来佛。南无文曲星。是东方无忧世界最胜吉祥如来佛。南无廉贞星。是东方净住世界广达智辩如来佛。南无武曲星。是东方法意世界法海游戏如来佛。南无破军星。是东方琉璃世界药师琉璃光如来佛。"见佛说北斗七星延命经[M]//大正新修大藏经:第21册.东京:大正一切经刊行会,1934:426.经名下注"婆罗门僧将到此经唐朝受持",但是此经的年代可能稍晚。

② 图引自敦煌研究院.中国石窟 敦煌莫高窟 第三卷[M].2版.北京:文物出版社,2013:图版28.

看，有两种可能的解释。

一是十二药叉大将在药师经变窟中地位下降，不再被赋予额外的意义。十二药叉大将在唐代龛窟中位于正壁，在五代龛窟中移至龛窟口下方，在宋代龛窟中则位于龛窟口下方或左右壁靠近龛窟口处。十二药叉大将地位下降的同时，造像尺寸和细节均随之缩减，不再有容纳十二生肖的空间。

二是十二生肖与其他佛教造像形成新的组合。开凿于北宋年间的大足石篆山存有一龛炽盛光佛。主尊为手捧法轮、结跏趺坐须弥台上的炽盛光佛，炽盛光佛左右有二弟子，二弟子外侧各立有六像，或文官装束，或贵妇装束，脚下均有动物，部分漫漶，但是仍可辨认出虎、猴、蛇、羊、狗等，龛口立有二天王。右侧龛口有文氏工匠题记。在赞助人严逊留下的造像题记中，此龛为"炽盛光佛十一活曜"。这一题记不符合常规，"十一曜"是常见的星曜组合，即太阳、太阴、荧惑、辰星、岁星、太白、镇星、罗睺、计都、月孛、紫气。但"活曜"是与地支、禽星有关的概念，此概念不见于佛教经典，却能从道藏中检得，如南宋《上清北极天心正法》记"……活曜，常要定时正而加地干"[①]，"活曜"与地支相配，其数目自然应为十二或十二的倍数，若为十二，与星曜相配的动物就是十二生肖。此龛中能辨认出的动物均属于十二生肖，并不符合"十一曜"的常规。不知是失误还是另有意图，严逊给出模糊的概念"十一活曜"，工匠应对的策略是调整既有的经典组合（炽盛光佛十一曜），创造出"炽盛光佛十二活曜"的新组合。

---

① 道藏：第10册[M].北京：文物出版社，1988：652.

第五节　本章小结

本章主要讨论药师题材造像中的护法神——十二药叉大将。

在图像辨识的基础上,本章从名号身份与经典形象两方面追溯了十二药叉大将的经典来源。我国文献中现存最早关于十二药叉大将的形象见于元代,更早的记录现存于日本,如收录于《大正新修大藏经》图像部的《觉禅钞》和《阿婆缚抄》。依据这些文献,十二药叉大将的共同特征是多为武将形象,持法器,与十二生肖相配。日本寺院中现存有相当数量的图像符合上述特征。图像中显示出两种排序方式,一种按照药师经中十二神将的序列排序,另一种按照十二地支(生肖)的顺序排位,后者的流行体现出佛教逐渐世俗化的演变过程。

本章接下来考察了我国宋代以前的十二药叉大将造像。现存最早的造像位于敦煌地区。敦煌地区的十二药叉造像最早出现在隋代的药师经变中,其形象似天人。唐代的十二药叉大将基本表现为武将形象,并且在头冠上出现了十二生肖。五个庙石窟和柏孜克里克石窟中的十二药叉大将出现了文官和女性形象,或许与帛尸梨蜜多罗译本中"十二神王……舍鬼神形得受人身,长得度脱无众恼患"的经文有关。四川是另一个造像集中的区域。文献记载隋代四川有"十二神王"像,《益州名画录》中有唐代避难入蜀的赵公祐、范琼等画家在寺院中绘制"十二神"的记录。现存石窟造像最早可见于夹江千佛岩和安岳千佛寨的中唐造像。晚唐、五代时期是四川药师造像活动的高潮,造像地点集中在资中西崖、重龙山和大足北山佛湾。

最后,本章重点从两个方面分析大足宋代十二药叉大将造像。一是从位置、体量、个性特征等方面比较各龛,确定它们的开凿时间序列；二是探讨十二生肖出现在敦煌图像、而未出现在四川图像中的原因。敦煌相关图像的出现原因可能与佛经"十二兽"之说在敦煌的影响力，以及药师佛信仰与北斗信仰的相互影响有关。而四川十二药叉大将在龛窟中地位下降，不再有容纳十二生肖的空间，与此同时，十二生肖与其他佛教造像形成了新的组合。

第四章
三教护法神像研究

三教造像是四川唐宋石窟的特色之一。在大足地区出现了为数不少的三教造像或佛道造像并列的龛窟,部分龛窟为三教主神分别配置护法神像。本章将重点围绕石篆山、石门山石窟,并结合大足南山、舒成岩等道教石窟中的护法神像,讨论佛教以外护法神像的产生机制与造像特点。

第一节 三教护法神像的产生:以石篆山为例

石篆山石窟位于重庆大足县城西南20千米处。目前发现13龛(塔),分布于三处:第一处为石篆山佛湾,位于三驱镇佛会村,佛会村中因为有佛会寺而得名，在近6米高、90米长的岩壁上集中分布有摩崖造像9龛，是石篆山石窟的主体部分；第二处是位于佛会寺内的常住佛会塔；第三处现已划入荣昌区的管辖范围，俗称罗汉湾，位于佛会寺南约1 000米处，共3龛。

罗汉湾崖壁上刻有出资人严逊开窟缘起的题记，近一半内容漫漶，但是在佛会寺关圣殿左侧还留有一块石碑，为明人复刻《严逊记》。题记记述石篆山开龛(塔)"凡十有四"。

目前发现的三处遗址共计13龛(塔)，比照《严逊记》碑，尚有1龛未被发现(或不存——未开凿或已损毁)。依据《严逊记》碑和各龛题记中的纪年，整个工程开始于北宋元丰五年(1082年)或稍早，结束于绍圣三年(1096年)或稍晚。

雕凿有护法神像的龛(塔)包括石篆山第6、7、8、9、11龛和常住佛会塔。以下分述之。

一、石篆山护法神像

(一)石篆山第6龛

此龛主尊为孔子，左右站立十弟子(图4.1)。龛口有题记："元祐戊辰岁孟冬七日，设水陆会庆赞讫。发心镌造供养弟子严逊愿世世生生聪明多智。岳阳处士文惟简。"龛口两侧站立二武士。

右侧武士颈项粗短，侧头朝向主尊，脸颊肌肉凸起，双目圆瞪，皱额头，龇牙咧嘴，鼻头损坏。头戴乌角巾，身着圆领窄袖长袍，系腰带，长袍下围向上掀起一角掖入腰带。双手粗壮有力，左手于胸前半握拳，右手执骨朵于腹前，骨朵锤首呈螺旋纹，顶部为圆珠，骨朵底端、锤

图 4.1 石篆山第 6 龛

首后有云气。左侧武士头部损毁,服饰与右像相同,持物损毁,手持部分呈棍状,应为骨朵或短棍(图 1.30)。

(二)石篆山第 7 龛三佛龛

此龛主尊为三佛,结跏趺坐须弥莲台上,根据《严逊记》碑,三佛为"毗卢、释迦、弥勒佛"。三佛左右有十弟子、二胁侍菩萨、男女供养人各一(图 4.2)。龛口右侧立柱上有题记:"岳阳文惟简镌。男文居政、居用、居礼。岁次壬戌八月三日记。"左侧立柱上有题记:"戊辰年十月七日,修水陆斋庆赞讫。"

龛口左右有立柱,立柱下有托座力士,立柱外侧有浅龛,龛内站立力士(图 1.31)。上一章已述及两组力士的图像特征,此处略去。

图4.2　石篆山第7龛

(三)石篆山第8龛老子龛

此龛主尊为老子,左右共十四位真人大法。龛口有题记:"昌州
镌……元□□年岁次癸亥闰六月二十日记。"龛口外两侧开浅龛,各立
一护法神将(图4.3)。

图4.3　石篆山第8龛

左侧护法神将头戴束发金冠,内着圆领窄袖戎装,全身披方形片甲。身甲由肩带相连,戴披膊、抱肚、腹护,腿裙及膝,鹘尾垂地,腰带上缚飘带,飘带中部于腹前呈弧形下垂,两端在身侧飘扬。高鼻瞪目咧嘴,有络腮胡,双手持短棍。右侧护法神将装束与左侧护法神将相同,脸部无须,双手持长柄锤(图1.32)。

(四)石篆山第9龛地藏十王龛

此龛主尊为地藏,左右共十位冥王和十八位胁侍,龛口外两侧各坐一护法力士(图4.4)。龛口有题记:"绍圣三年丙子岁,岳阳文惟简镌,男居安、居礼记。"

图4.4 石篆山第9龛

右侧护法力士坐在盘踞岩石的猛虎上,左脚着地,右脚抬起,右脚掌朝外。獠牙鬼面,瞪目咧嘴,头顶两个短角,耳后毛发飞扬。全身肌肉发达,手脚戴钏,上身赤裸,胸前围一圈兽皮,腰间系短裙。左手抬起,食指指向龛内,右手握鬼头刀,置右膝上。

左侧护法力士服饰与右侧护法力士相同,坐岩石上,左脚抬起,右脚着地。一条巨蟒盘旋座下,蛇尾从岩石中钻出,蛇身缠绕岩石和护法腿部,蛇头放置护法力士右小腿上,吐出蛇信。左手撑左膝上,右手抬起,拄戟。獠牙鬼面,瞪目闭嘴露牙。额头中间有肌肉暴起。

(五)石篆山第11龛炽盛光佛龛

此龛位于高处,右壁和龛口外左侧护法神从崖壁脱落,现放置于地面。此龛所有造像头部几乎不存,面部均为今人水泥补塑。龛内造像为炽盛光佛十一活曜,右壁龛口外沿留有题记:"岳阳镌作处士文惟简……"二天王站立龛口外侧。上一章已述及二天王的图像特征,此处略去。

(六)常住佛会塔

塔位于佛会寺后,共有四层(图1.35)。底层三壁,正面开口,有门轴遗迹,上有中式屋檐,此层中心有棱柱支撑。第二层底部为莲座,上有屋檐,塔身为四棱,正面有龛,龛上刻"佛会之塔",龛内一佛二弟子,佛陀结跏趺坐须弥莲座上,结弥陀印。南壁为一男子启门,东西两壁有四天王。第三层为八棱,雕刻八面栏杆,内有多个童子戏耍。第四层底部为莲座,塔身上有五佛,佛之间有祥云间隔。塔刹部分顶部为圆形宝珠,下有莲花、三层相轮。

二、石篆山三教护法神的造像依据

以上六组护法神像中,佛会塔的四护法神为佛塔上常见配置的四天王,而孔子龛两侧配置二武士护法,在文献和前代造像中均无先例,是石篆山造像主和工匠的创举,地藏十王龛的鬼卒形护法、老子龛的武将形护法也独具一格。考察这些三教护法神的造像依据,首先需要了解石篆山造像设计的思想。

(一)严逊与石篆山造像设计

《严逊记》碑表明严逊不仅是出资人,还是石篆山造像的设计者[①]。

---

① 褚国娟. 严逊与北宋石篆山造像[D]. 北京：北京大学, 2014.

　　严逊本人,史书不载,仅在石篆山留名。从碑文可知,严逊父亲本
是遂州(今遂宁)人,因"避役"迁居昌元(今荣昌)。父亲生病,严逊来
此地寓居,有三处田庄,于立碑前九年已分予三子,造像的花费来自三
个田庄多年的积累。宋代劳役繁重,为"避役"而迁移的情况非常普
遍,根据宋朝律法,外来移民一年之后即可在当地入籍①,从遂州到昌
元距离不及200千米,这段迁移的经历表明虽然严逊及其家人拥有田
产,但身份、地位不高,受到劳役等事务的烦扰。严逊本人的背景和价
值观等在《严逊记》碑中也可窥一二。在谈到佛教的作用时,严逊特别
强调佛教对于"先王致治之礼法盖有所补"。至于严逊本人的佛法修
行,《严逊记》碑中并未体现出他对佛理的研究,也未提及某一宗派的
教义,或某一部具体的佛经,可知严逊对佛教的认识水平与普通信众
无异,其关注点在于因果报应。以上的分析可初步勾勒出设计者严逊
的身份:经济状况尚可,但政治地位较低,一名推崇礼法的儒生及希望
在末法时代弘法的普通佛教徒。

　　"弘法"是严逊反复强调的开窟目的。我们可以从碑文和造像分
析出严逊对佛教的理解,认识"弘法"对一位信奉佛教的宋代乡绅的
意义。

　　在碑文中,严逊首先谈及佛教在中国的价值。"其教能使人愚者避
恶趋善,能使人贤者悟性达理不昧因果,是于先王致治之礼法,盖有所
补,而不可一日亡也。"修建此龛窟的目的在于"生佛末法",希望看到
此龛窟的"游礼之人各生欢喜心,共起慈悲行,共成佛事",避免"一念
之间"错失天堂、坠入地狱②。简而言之,其目的就是在末法时代弘扬
佛法,累积福报,向往天堂。

　　"弘法"是严逊明确提出的造像目的,为实现该目的,严逊决定造
像14尊,并在碑文中列出了它们的名字:①毗卢释迦弥勒佛龛;②炽

---

① 程民生.论宋代的流动人口问题[J].学术月刊,2006,38(7):136-143.

② 记中载"地狱天堂不过一念之间,而报应分明犹形影声响"。

盛光佛十一活曜龛；③观音菩萨龛；④长寿王龛；⑤文殊普贤菩萨龛；⑥地藏王菩萨龛；⑦太上老君龛；⑧文宣王龛；⑨志公和尚龛；⑩药王孙贞人龛；⑪圣母龛；⑫土地神龛；⑬山王；⑭常住佛会塔。第①—⑥及⑨⑪⑭龛与佛教相关，第⑦⑩龛与道教相关，第⑧龛为儒教，第⑫⑬龛为其他民间信仰，共计佛9龛、道2龛、儒1龛、其他民间信仰2龛。值得注意的是，严逊非常自然地将佛教、道教、儒教及各种民间信仰的神并列在一起，并未作任何说明，似乎它们都服务于共同的目的——弘扬佛法。

　　但事实上，各种信仰之间是存在竞争关系的，尤其佛道之间的竞争，在唐代和北宋时期，屡屡见诸文献。与官方文献中时急时缓的佛道之争相反，民间造像中更多体现出佛道融合的趋势。自北朝以来，佛道并坐的造像已经出现。唐代以后，佛道甚至佛道儒三教融合的作品在画史上也屡见不鲜，在四川唐宋造像中尤为突出。比如开凿于盛唐时期的仁寿县坛神岩的五立像龛，中央三尊立像分别是元始天尊、太上老君和释迦牟尼，佛像居右位，道像居中间和左位。另一个例子是开凿于732年前后的安岳县圆觉洞第71龛，四周都是佛龛，而它的主像是天尊。仁寿和安岳距离石篆山都不远，石篆山的设计或许受到了这些唐代先例的影响，但石篆山是一个野心更大的例子：内容更丰富、规模更大。虽然有碑文说明开窟缘由，但是各种信仰的造像以一种不加注解的方式融合在一起，且在造像列表中，一些是常见的造像，还有一些则看上去比较特殊。严逊究竟按照什么标准选择了这些造像题材，以完成他的"弘法"大业，这个标准又是如何影响具体的龛窟设计的，下文将以核心的石篆山第6、7、8三龛为例作一分析。

　　此三龛开凿时间最早、体量最大，且从位置上看，也是整个石篆山石窟的核心部分。佛居中、道居左、儒居右——布局是唐宋以来流行的三教道场的样式①。三龛中比较特殊的是三佛龛和孔子龛。

　　文献中记载的三教道场并未提及独立的孔子龛,石篆山孔子龛是目前所见三教造像中最早以孔子为主神的龛。修建此龛的背景是孔子地位的逐步提升:在唐玄宗封孔子为"文宣王"之后,宋初进一步加强对孔子的推崇,大中祥符元年(1008年),孔子被封为"玄圣文宣王",二年(1009年)避赵玄朗讳,改封号为"至圣文宣王",追封"十哲"为公。②在如此背景之下,儒生严逊为文宣王单独开龛并不奇怪,但是严逊为圣人开龛,并不是为了宣扬圣人的功德,而是提出了具体的要求——"愿世世生生聪明多智"。在他的心目中,孔夫子是有求必应的神仙。

　　三龛的中心是毗卢、释迦、弥勒佛龛。三佛是常见的佛教造像内容,通常为三身佛、三世佛或三方佛,分别以佛的性质、时间、空间为标准。但是这里的三佛打破了界限:毗卢为三身佛中的法身佛;释迦为三身佛中的应身佛③;弥勒是三世佛中的未来佛。弥勒在这里替代了报身佛。严逊为什么会专门选择弥勒佛?我国民众对弥勒的信仰分为上生信仰和下生信仰二派:前者信仰在兜率天说法的弥勒菩萨,欲往生兜率天;后者相信未来弥勒将下生此世界,于龙华树下三会说法,救度众生。随着《阿弥陀经》的翻译和西方净土信仰的流行,唐代的弥勒上生信仰已逐渐为阿弥陀信仰所替代。弥勒下生信仰则由于武则

---

① 李淞.跨过"虎溪":从明宪宗《一团和气图》看中国宗教艺术的跨文化整合[M]//中山大学艺术史研究中心.艺术史研究:第11辑.广州:中山大学出版社,2009:356-357.

② 《宋史·志第五十八》"礼八"载"真宗大中祥符元年……备礼谒文宣王庙……诏追谥曰玄圣文宣王……二年五月乙卯,诏追封十哲为公……亲制《玄圣文宣王赞》……既已国讳,改谥至圣文宣王。"见脱脱.宋史:卷105[M].北京:中华书局,2014:2547-2548.

③ 释迦还可以是三世佛中的现在佛、三方佛中的中间佛,但是上述两种身份都应该位于三佛的中间位置,此处可根据佛顶的花冠确认中间为毗卢佛,所以释迦所代表的只能是三身佛中的应身佛。

天于永昌元年（689年）命法朗等伪造《大云经》，称武后为弥勒下生，从
而大为流行。在武则天的直接推动下，全国兴建大云寺，建造弥勒像。
武则天之后，弥勒下生信仰逐渐衰落，留下了一大批弥勒像。这批弥
勒像在四川遗存不少，且多为弥勒大像，其中最著名的是成都南边的
乐山大佛，依山开凿，高近60米，是目前世界上最高的坐佛。考虑到
它们的体量，必然是远近闻名，四川后来的造像者难免受其影响，将弥
勒佛作为必不可少的造像内容。

　　严逊的实用主义思想贯穿了整个石窟题材的设计。比如第2号
志公和尚龛。志公和尚即六朝时的高僧宝志，以"神通"著称，《南史》
卷七十六有传，记载其诸多灵异事迹，成书于宋真宗景德元年（1004
年）的《景德传灯录》也有宝志禅师传。根据《景德传灯录》的记载，志
公和尚死后，"处处传其遗像"①。虽志公和尚以"神通"著称，严逊造志
公和尚像却不是为了赞扬他的"神通"。龛中有一段铭文：

> "梁武帝问志公和尚曰：'世间有不失人身药方否？'公曰：'有
> 方。使不负心二具，□□三两，慈悲行三寸，忍辱根□□，□善方
> 便五两，□知□六分，□烦恼七□，右作药七味，并□平等，就上将
> 智惠力□□，入三昧火炖，世尊□中金刚杵得□炼六波罗蜜为丸，
> 如菩萨□子，大早朝以八功德水，下七丸，忌三恶，不嗔痴……'"②

　　铭文中梁武帝向志公和尚讨教是否有长生不老的药方，志公和尚
告诉他有药方，具体的药方就是积功德、修善行，从而离苦得乐、得永
生。这段铭文是碑文以外严逊留下的最长的铭文。再考虑到这一龛
开凿于石篆山造像工程的早期（1085年），它可能就是严逊对自己开龛

---

① 道原.景德传灯录：卷27［M］//大正新修大藏经：第51册.东京：大正一切经刊行会，
　　1934：430.

② 这段铭文与宋子升、如钧编《禅门诸祖师偈颂》卷一"志公药方"条目相似。见卍新纂续
　　藏经：第66册［M］.东京：国书刊行会，1975：738.

目的的一个注解——造像累积功德，从而实现永生。而其他几龛，如长寿王龛、药王孙贞人龛表现出的延年益寿目的也非常明显，考虑到开龛时严逊已经年逾六十，一位老人生出这样的意愿合情合理。

（二）造像设计中的实用主义思想

严逊的实用主义思想同样体现在具体的造像设计中。

比如三佛龛中，其胁侍包括两位菩萨和十位弟子，十弟子造像的出现在大足地区罕见。石窟造像中的十弟子像最早见于云冈石窟第18窟，之后却很少见，在大足地区除石篆山外仅有一例，即五代时期开凿的北山佛湾第230龛，主尊为西方三圣，三圣身后有双手合十的十位弟子。比十弟子像更流行的是十六罗汉像。在大足、安岳的每处石窟中，几乎都可发现十六罗汉龛，如邻近石篆山有另一处文氏工匠的作品——妙高山石窟，其中第3窟正壁主像为毗卢舍那佛，左右两壁就是十六罗汉（图4.5）。这些十六罗汉像的样式较为接近，应该是一种工匠熟悉的地方传统，那么十弟子像必然是出自严逊的想法。为什么严逊会独出心裁地设计出十弟子的样式呢？笔者认为很可能是受到了十哲的影响。三龛之中，虽然孔子龛按照惯例列于末尾，但是严逊显然非常重视孔子龛，专门在孔子龛上留下了自己的题记。孔子十哲是个固定的组合，北宋前期，十哲受封，强化了这一概念，儒生严逊在设计佛龛时，很可能也受到这一组合方式的影响，选择了三佛十弟子的组合与之对应，三佛顺应了流行的信仰，不合于佛经，十弟子符合佛经，却违背了惯例。严逊本人的个性显而易见，佛经、习俗都是可供参考的资源，但为满足个人的需求，没有什么是不可协调的。

各龛护法神的设计与雕凿也依据同样的原则。佛龛口两侧的金刚力士有前代造像的先例可循，炽盛光佛龛口雕凿两尊武将装天王像，遵循了佛龛窟口站立二天王的传统。老子、孔子、地藏龛并无先例可循，但是严逊并没有在经典中寻求依据，而是"顺手"模仿佛龛的样式，在龛口设立二护法神将，然后根据龛窟主题稍作调整。

图4.5　大足妙高山第3窟罗汉像(局部)

图4.6　宋代士兵形象

比如孔子龛的护法神将身穿圆领袍服，手持骨朵，与宋代士兵形象①类似(图4.6)，仅在法器后方增加云朵，以显示其神性。老子龛两侧为二神将，为与佛教二天王区别，稍作调整。头顶束发戴小冠，与龛内真人相似，神将一人蓄须，一人无须，龛内真人也是部分无须，部分蓄须，炽盛光佛龛口的二天王虽然头部已毁，但是左侧天王头部残留部分依然可见兜鍪的痕迹，二者姿势亦不同，神将双脚分立，成一直线，身体没有起伏，天王左脚直立，右侧脚跟抬起，右膝略弯，腹部前突。此外，服饰风格也有区别，神将和天王身前都有弧形飘带，但是神将飘带扁平，褶皱完全用线表示，天王飘带立体，褶皱富有层次，天王的袖口向上飞扬，神将衣袖下垂。整体而言，天王像的风格更为生动、立体，神将像的风格则更

---

① 周锡保.中国古代服饰史[M].北京：中国戏剧出版社，1984：332.

为严肃、扁平。同属佛教主题的三佛龛、地藏龛的龛口护法神将都倾向于前一风格,而孔子龛的护法神将则更接近老子龛的风格。龛内造像并未显示出这种风格上的区别,所以护法神像风格上的差异似乎是工匠特意为之,虽然儒、道护法是模仿佛龛所作,而且没有自己的名号,但是借助服饰和风格的不同,仍然显现出儒、道造像的个性。

石篆山造像为严逊一手设计,成为三教合流的典范。其中的三教护法神像也是在模仿基础上创造的结果。在大足的另一处佛道并存的石窟——石门山中,道教护法神像的创造虽然也是从模仿开始的,但在与佛教四天王一争高下的驱动力下,创造出了道教最重要的护法神——北极四圣。

第二节　道教护法神北极四圣研究

北极四圣又称四圣真君、北方四元帅,是北极大帝紫微麾下的四员大将。南宋金允中编《上清灵宝大法》列其名号为天蓬大元帅真君、天猷副元帅真君、翊圣保德储庆真君和真武灵应佑圣真君。[1]南宋吕太古《道门通教必用集》记录四圣名号为天蓬元帅、天猷副元帅、真武将军、黑煞将军。[2]

大足地区目前可见三组四圣造像,分别位于大足舒成岩、石门山和南山。

---

① 道藏:第31册[M].影印本.北京:文物出版社,1988:612.

② 道藏:第32册[M].影印本.北京:文物出版社,1988:39.

一、大足四圣造像

（一）大足舒成岩第3龛

此龛主尊为紫微大帝，紫微大帝着帝王装，手持笏板，端坐龙头椅上，左右为北极四圣，其中两位位于正壁，另两位位于侧壁（图4.7）。左壁护法神将外侧有一侍女捧印，右侧两位护法神将之间有一小龛，龛内站立一位女性供养人。右壁外侧已坍塌，护法神将仅余半身（现存上半身为后代补塑），护法神将外或有一像与捧印侍女对应。

正壁左侧护法神将分脚正面直立，三头六臂，两耳后各有一鬼面小头。正面大头两眼圆瞪，眉毛上扬，额头肌肉凸起，双唇紧闭。头戴金冠，金冠正前方镶嵌宝珠。内着圆形翻领战袍，外披山文甲。兽首装饰护肩，护肩下有披膊覆盖宽袖内袍，左右宽大袖口中各伸出三臂。上方两臂小臂赤裸，可见椭圆形突出肌肉，腕部戴钏，左手持铃，上右手持斧头。中间两臂小臂有臂护，双手胸前捧方形印。下方两臂小臂有臂护，左手紧握坐骑（龙）的两个角，右手持戟。腰间有抱肚、腹护，抱肚系带下垂至双脚间，系带上有宽腰带，上有圆形、卷云形装饰。腿裙及膝，露出下部的缚裤。飘带自双肩下垂至大腿间和两脚侧。神将坐骑为龙，位于神将左脚外侧，前肢伫立云头，后半隐身云间。龙鳞、腹甲清晰可见，颈部有鬃，下颌突出，双目圆瞪，两耳间的双角被神将紧紧握住。

正壁右侧护法神将分脚正面直立，有一头四臂。脸部与左侧护法神将相仿，头顶金冠束发。内着圆形翻领战袍，外披明光铠，胸前两片兽首护心镜。护心镜上有束甲绊，下有束巾。戴肩巾，兽首装饰护肩，护肩下有山形纹披膊覆盖宽袖内袍，左右宽大袖口中各伸出两臂。上方两臂小臂赤裸，可见椭圆形突出肌肉，腕部戴钏，左手举印，右手持斧。下方两臂小臂着窄袖袍,左手持罥索,右手握剑。腰间有抱肚、腹护,抱肚系带下垂至双脚间,系带上有装饰菱形花瓣的玉带。腿裙及膝,露出下部的缚裤。腰带上系有飘带,下垂至大腿间和两脚侧。神将的坐骑为龙,位于神将右脚外侧。龙身漫漶,细节模糊,头顶向后伸出二角,下颌突出,瞪目龇牙。

左壁护法神将分脚站立,身体略向右侧。扬眉瞪目,嘴唇紧闭,颌下可见肉线纹。额上束巾,正前方装饰宝珠,束巾两端在脑后上扬。外着宽袖翻领大袍,翻领内露出山文甲,铠甲内有袍。左手小臂可见窄袖内袍。双手置于右腰侧,左手握右手腕,右手斜挂长剑。神将飘带绕身,飘带上部在后壁形成头光效果,沿双肩下垂。神将的坐骑为龙,自右脚后探出龙头,下颌突出,瞪目龇牙。

右壁护法神将左肩至右腰以上已不存,残存部分可辨认出神将分脚直立,左手上举。着宽袖外袍和窄袖内袍,腰间有抱肚、腹护,抱肚系带下垂至双脚间,系带上有宽腰带,腰带上系飘带,下垂至大腿间和两脚侧。神将左脚外侧有一细颈三角头动物自下方探出,或为蛇,动物头部和身体下部细节漫漶。

图4.7　大足舒成岩第3龛

（二）大足石门山第10窟

此窟主像为三官①，上方有三清（仅存二位）。正壁左上角有一位天人。左壁分上下两层，上层为小像，包括五组二十八位天人。下层像高近2米，包括两位护法和五位手持笏板着文官装束的天人，护法神将的位置在最内侧和门口向内第二尊。右壁一度坍塌，残损严重，上层造像已不存。右壁最内侧有一位捧卷的侍女，侍女往外是两位护法神将和五位文官装束的天人（残），护法神将位置与左壁相对应（图4.8）。

图4.8　大足石门山第10窟

四位护法神将均为背部与窟壁相连，头部略侧、朝向窟门的站立像。神将脸部表情威严，粗眉上扬，眉头攒起，两眼圆瞪，目似铜铃。身材魁梧，内着宽袖长袍，外披明光铠。头戴冠饰，系带于颔下。披肩巾，戴披膊，肩头饰有兽首，小臂穿戴臂护。明光铠上部有肩带，胸前系束甲绊。腰间有抱肚、腹护，抱肚系带下垂至两腿间，系带上方有腰带，腰带上有凸起装饰。飘带穿过腰带，在身侧和腿前飞扬。腿裙及

---

① 李淞. 对大足石门山石窟宋代10窟的再认识[C]//大足石刻研究院. 2009年中国重庆大足石刻国际学术研讨会论文集. 重庆：重庆出版社，2013：483-499. 此窟主尊为"三皇"还是"三官"学界尚有争议，本书暂且取"三官"说。

膝,露出宽大内袍。神将皆手持法器,伴有坐骑(图1.39)。

左壁外侧护法神将披发,额上戴冠,冠正中为长方形牌饰,牌饰上方有宝珠,宝珠两侧有翼形装饰,宝珠上方凸起部分漫漶,牌饰两侧为一对羽翼,羽翼后方为团花及卷云装饰。头冠在额下和脑后系带固定,脑后系带向上飞扬。神将表情威严,额头有两道皱纹,嘴微张。铠甲除肩头部分为鱼鳞形,其他部分均为山形纹,胸前圆形护心镜内为人面纹。神将左手在腹前紧握右手袖口,左袖在身侧下垂,底部向上飞扬,右手向下持剑,长剑斜指向左下方。双腿略分开,赤脚踩龟背上。神将的坐骑为龟,龟正面朝外,仅表现前半身体,乌龟头部和两脚已毁,龟甲纹路清晰,头部为抬起姿势,露出部分腹部。

左壁内侧护法神将为三头六臂像。正面头部龇牙咧嘴,两侧露出尖形獠牙。两耳后各有一头,头长约为正面头部的一半,表情威猛凶悍,瞪眼扬眉,双唇紧闭,怒发冲冠,在头部上方形成三角形。正面大头顶戴束发高冠,冠前装饰焰形宝珠。神将着山形纹明光铠,胸前圆形护心镜内为六瓣花纹。束甲绊系于胸前正中方形环上。披膊下内袍的宽大袖口中左右各伸出三臂。其中两臂高举至金冠两侧,左上臂手持正方形法印,法印底部朝外,右上臂手持法铃。两臂下垂至大腿两侧,左下臂手握坐骑龙左角,右下臂手握长柄斧,斧柄下端着地,上端斧头位于法铃外侧。位于最前方的两臂小臂向左平举,略高于腰带,中左臂持竖弓,中右臂斜持两支羽箭,拇指和食指夹一支,无名指和小指夹另一支。神将的坐骑为龙,位于神将身后,龙的前半身从左侧盘旋而出。龙头高度略低于抱肚下缘,龙角上扬至腰带高度,左角被神将紧紧抓住,右角上部已毁,右角外侧耳朵形似牛耳。龙嘴向前突出,与竖弓下端相碰,龇牙咧嘴,有獠牙伸出,粗眉瞪目。背甲为鳞片,腹甲为横纹状。前右脚着地,支撑龙身,龙爪漫漶,或为四爪,左脚向上抬起,四爪握明珠。

右壁内侧护法神将为三头四臂像。正面头部双唇紧闭,表情威猛凶悍。双耳戴珰，耳后各有一头，长度约为正面头部的一半，表情与正面大头相似。正面大头顶戴束发金冠，着山形纹明光铠，胸前有圆形护心镜，纹饰与身甲相同。束甲绊系于胸前正中圆环上。披膊下内袍的宽大袖口向上扬起，左右袖中各伸出两臂。左前臂手掌朝外，抬至护心镜之间，食指向上伸出，右前臂掌心向下，放置腹前，食指伸出，掌心下方有长条形武器痕迹，似斜挂剑。左后臂紧握长棍，右后壁握拳，按住龙头（坐骑）。内袍下缘垂至脚踝。飘带和内袍明显向左扬起，与神将向右转身的动势相符。脚掌漫漶，有长靴痕迹。神将的坐骑为龙，位于神将身后，"S"形前半身从右侧露出，龙头高度与抱肚下缘齐平，龙角上扬至腰带高度。龙嘴向前突出，龇牙咧嘴，两侧有獠牙伸出，有祥云喷出。龙嘴上方鼻孔大张，粗眉瞪目。全身覆鳞，有锯齿状龙脊。前二脚着地，支撑龙身，龙爪漫漶，或为四爪。脚与身体连接处有细长羽翼。

右壁外侧护法神将为坍塌后重新组合而成。头部略往右偏，朝向窟门。额头两道弧线皱纹，鼻头和嘴部、下颌已毁，从脸颊上的圆弧皱纹判断，嘴部动作可能为咧嘴。双耳耳垂肥大。头戴卷草纹冠，头冠正面有方形牌饰，已漫漶。着山形纹明光铠，胸前有花瓣状圆形护心镜，束甲绊系在胸前正中圆环上，披膊下内袍的宽大袖口向上扬起。手臂已毁，其位置大概在身侧。腿裙下露出两层宽大内袍，里层内袍下缘垂至脚背，外层垂至小腿肚，脚大部分已毁，似蹬长靴。神将的坐骑为龙，位于神将身后，盘旋的龙身出现在神将身体两侧，高达神将腰侧。龙鳞和腹甲清晰可辨，头脚不存。

（三）大足南山第6窟

第6窟位于三清洞左侧崖壁高处，上下分为三层，横截面呈现凸字形（图1.40）。

　　主尊共三位,位于最高层,正壁主尊漫漶严重,身份待定①,结跏趺坐须弥座上。左右两位善跏趺坐靠背椅上,手持笏板,头顶冕旒,着帝王装。左边主尊外侧(壁面与正壁平行)有三尊立像,靠内两尊头戴梁冠,着交领大袖长袍,手持笏板,为文官装束,最外侧一尊漫漶,从残留痕迹推测其形象与其他两尊类似。右边主尊外侧(壁面与正壁平行)有四尊立像,漫漶严重。

　　中间一层正壁漫漶严重,主尊下方似为对称插有三枝花的供养花瓶,花瓶两侧各有一神将。左右壁主尊下方靠外侧各有一神将。左壁神将外侧有三尊立像,水平位置略高于神将,头部已残,着文官装束,宽袍大袖,手持笏板,其中第二尊像下颌有八字形胡须。右壁神将外侧有四尊立像,水平位置略高于神将,最外侧第二尊几乎已不存,其余三尊损毁程度略轻,着文官装束,宽袍大袖,最内侧一尊头已不存,八字形胡须犹在,双手持笏,其余三尊形象或与之类似。底层正壁有七尊立像,最右侧两尊为身着长裙、拱手的女性供养人。女性供养人左边依次有三尊儿童像、两尊成人像,此五尊像漫漶严重,其身份应同为供养人。

　　底层左右壁各有二尊立像,左壁内侧像漫漶,仅可见宽大长袍下端,外侧像头顶束发,瞋目扬眉,身着宽大长袍,衣带自两腿间垂落至地,似为一武士。右壁两像均为武士装束,内侧像戴冠,幞头朝天,身着窄袖交领长袍,腰间有抱肚,系带自两腿间垂地,左手胸前举物,右手在腰间持剑。右壁外侧像头顶束发金冠,身着宽袖长袍,腰间有抱肚,系带自两腿间垂地,双手身右持鞭(或剑)。底层左壁武士像外侧壁面无造像,右壁武士像外侧有一身着宽袖大袍的立像,上身残。

　　正壁左侧护法神将漫漶,尚存左手向外飞扬的宽大袖口及左侧

---

① 《总录》认为主尊为佛(见:四川省社会科学院,大足县政协,大足县文物管理所,等.大足石刻内容总录[M].成都:四川省社会科学院出版社,1985:283),李淞认为是主尊是道教天尊主神(见他在2014年大足学国际学术研讨会上的发言)。

飘带。

正壁右侧护法神将漫漶。身着铠甲，腰部有抱肚，系带从双腿间下垂及地，腿裙及膝，腿裙下露出宽大内袍。左手袖口向外飞扬，左手（漫漶）捉右手袖口，右手下垂握剑。神将身后飘带飞扬。左脚外侧有坐骑遗迹。

左右壁护法神将保存相对完整，神将服饰相似，头戴梁冠，身着翻领大袖外袍，翻领内露出铠甲和交领内袍。袖口飞扬，小臂戴臂护。腰间有抱肚、腹护，抱肚系带沿两腿垂地，系带上有腰带，腰带装饰花形饰片。腰带上系有飘带，下垂至膝盖及身体两侧。腿裙及膝，腿裙间露出梭形内袍下摆，脚下蹬靴。

左壁护法神将为三头六臂立像。头部冠饰上方已毁。正面脸部表情威严，瞪目扬眉。两侧头部比正面略小，表情相似，怒发上扬。左右各有一臂上举至头侧，手部已毁，持物不明。另有二臂胸前平举，手部似相交。左下臂向斜下方伸出，手拄一长棍形兵器，兵器上部已毁，右下臂不存，残存部分与坐骑（龙）相交，其动作可能为手握龙角。膝盖下绑带，束紧长裤。神将右腿外侧有龙探出祥云，龙头已毁，仅存漫漶严重的"S"形颈部和一只脚。

右壁护法神将为一头四臂立像。头戴五梁冠，冠前有桃形装饰，冠后扎带飞扬。瞪目扬眉，耳垂肥大。铠甲为山形纹，脚下蹬靴。左前臂和右前臂平举至胸前，右手下托、左手侧扶一盒状物（漫漶），后方两臂下垂至大腿侧，左手握罥索，右手握短斧。神将右脚外侧有坐骑遗迹。

二、四圣组合的形成

关于四圣组合的形成时间，赵伟认为在两宋之间[①]。这一结论的主要证据有二：一是南宋绍兴十四年（1144年）临安四圣延祥观的兴建

---

① 赵伟.从大足四圣真君造像看图像的生成及流变[C]//大足石刻研究院.2009年中国重庆大足石刻国际研讨会论文集.重庆：重庆出版社，2013：560-561.

缘由为四圣显灵护佑高宗使金;二是朱熹声称四圣为今人妄作,殊无义理。以上两条证据能否证明四圣组合形成于两宋之间,值得商榷。

首先,宋皇室崇奉四圣早于临安四圣延祥观的修建。

四圣延祥观为南宋临安一大道教圣地,在祝穆《方舆胜览》、吴自牧《梦粱录》、周密《武林旧事》等宋代著作中均有记载。如《方舆胜览》卷一记载:

> "四圣观在西湖孤山之上,祠佑圣、翊圣、天猷、天蓬四圣。靖康末,上自北邸北使,将就马,或见四金甲神执弓剑以卫。显仁后闻之,曰:'我事四圣香火甚谨,必有阴助,乃令曹勋奏上,宜加崇奉。其像乃沉香断之。'"①

此事在《宋史》中也有记载:

> "初,高宗出使,有小妾言,见四金甲人执刀剑以卫。太后曰:'我祠四圣谨甚,必其阴助。'既北迁,常设祭;及归,立祠西湖上。"②

记载最详尽的是《咸淳临安志》"四圣延祥观"条:

> "在孤山,旧名四圣堂。四圣者,道经云紫微北极大帝之四将,曰天蓬、天猷、翊圣、真武。先是显仁皇太后绘像事甚谨,高宗皇帝以康邸北使,将行,有见四金甲人执弓剑以卫者。"③

这一记载说明"先是显仁皇太后绘像事甚谨",即康王(高宗)出使之前,其母已"绘像"供奉四圣,"祀四圣谨甚",然后才有"阴助"。康王使金为靖康元年(1126年),临安四圣延祥观的修建在此18年之后,即

---

① 祝穆.方舆胜览:卷1 [M]//影印文渊阁四库全书:第471册.台北:台湾商务印书馆,1986:583.

② 脱脱.宋史:卷243 [M].北京:中华书局,2014:8643.

③ 潜说友.咸淳临安志:卷13 [M]//影印文渊阁四库全书:第490册.台北:台湾商务印书馆,1986:163.

高宗之母南归之后第三年。

事实上，临安四圣延祥观并非无前例可循。《咸淳临安志》还转述了《灵应启圣记》记载宋皇室自太宗以来供奉四圣的情况：

> "太宗建北极四圣观于京城，则左右领二元帅，若翊圣、真武二真君是也。记中摭四圣护国福民事甚详，如艺祖建报恩护圣阁，太宗立家堂元真殿，真宗以明化为宁安宫，仁宗于内庭为神报祠，皆以四圣之威灵应验。"①

北宋汴京的四圣观在多个文献中均有提及。曹勋《北狩见闻录》记载四圣护佑康王一事时注明太后"事四圣香火谨。谓京师四圣观"②。即太后平日供奉四圣的地点在汴京的四圣观。此外，孟元老《东京梦华录》卷三"大内前州桥东街巷"条下记载："大内前州桥之东，临汴河大街……近东四圣观、袜袍巷。"③洪迈《夷坚乙志》卷十七提到"大宋国东京城内四圣观"④。这些材料均表明宋皇室南迁之前，四圣已经成为皇家供奉的道教神祇。

绍兴二十年（1150年），"四圣堂"更名为"延祥观"，"延祥观"一名并非新创，而是"复东都延祥旧名"⑤，再次证明了临安四圣延祥观是汴京四圣观的异地重建。

---

① 潜说友.咸淳临安志：卷13 [M]//影印文渊阁四库全书：第490册.台北：台湾商务印书馆，1986：163.

② 曹勋.北狩见闻录[M]//影印文渊阁四库全书：第407册.台北：台湾商务印书馆，1986：690.

③ 孟元老.东京梦华录：卷3 [M]//影印文渊阁四库全书：第589册.台北：台湾商务印书馆，1986：137.

④ 洪迈.夷坚乙志：卷17 [M]//续修四库全书：第1265册.上海：上海古籍出版社，2013：107.

⑤ 潜说友.咸淳临安志：卷13 [M]//影印文渊阁四库全书：第490册.台北：台湾商务印书馆，1986：163.

　　和汴京的四圣观相比,临安四圣延祥观具有更大的象征意义,是南迁的赵宋皇室向前朝学习的又一次造神运动,只是此次造神运动没有推出新的神祇,而是在已有的神祇中选择了"四圣",通过在皇室成员与神祇之间建立联系,强化皇权,为风雨飘摇的南宋统治提供精神支柱。因此新的四圣观规模颇大,独踞孤山,"凡古佛刹,如宝胜、报恩、智果、广化之在此山者,皆它徙"①。观中有道士二十一人,主要殿名皆"皇帝御书"②。

　　其次,朱熹所谓四圣为今人妄作并非否认"四圣"之存在,而是认为其背离了道教本原。

　　朱熹与道教渊源颇深,居福建四十余年,与武夷山道士来往密切,多有文字表达对道学与修道的倾慕。但是朱熹对道教的推崇是站在精英立场欣赏老庄思想,而非认可民间肆意造神淫祀与各种符咒法术,对道教评价尤低,认为"道教最衰",其代表作《论道教》③评价宋代道教"如今恰成个巫祝,专只理会厌禳祈祷"。朱熹非常反感道教仿效佛教建立学说与神系:"道家有老庄书却不知看尽,为释氏窃而用之,却去仿效释氏经教之属。譬如巨室子弟所有珍宝悉为人所盗去,却去收拾人家破瓮破釜!"谈及神系,朱熹首先斥责"三清今皆无理",又举真武为例:"又如真武本玄武,避圣祖讳故曰真武。玄,龟也;武,蛇也。此本虚危星形似之故,因而名北方为玄武七星。至东方则角亢心尾象龙,故曰苍龙;西方奎娄状似虎,故曰白虎;南方张翼状似鸟,故曰朱鸟。今乃以玄武为真圣,而作真龟、蛇于下,已无义理,而又增天蓬、天猷、及翊圣真君作四圣,殊无义理。所谓翊圣,乃今所谓'晓子'者,真

----

① 潜说友.咸淳临安志:卷13［M］//影印文渊阁四库全书:第490册.台北:台湾商务印书馆,1986:163.

② 潜说友.咸淳临安志:卷13［M］//影印文渊阁四库全书:第490册.台北:台湾商务印书馆,1986:163.

③ 黎靖德.朱子语类:卷125.［M］//影印文渊阁四库全书:第702册.台北:台湾商务印书馆,1986:538-539.

宗时有此神降故，遂封为真君。"从上述引文可知，朱熹否认四圣的出发点是各神及其组合均不合"义理"，文中所谓"今"并非确指南宋，而是与"古"对应之"今"。

无可置疑的是，"四圣"，尤其是真武、翊圣，在两宋期间屡被加封，地位逐渐提高，但是"四圣"之名在五代或已存在。宋人李廌所著《德隅斋画品》记录五代画家石恪画《玉皇朝会图》，玉皇眷属有"天仙灵官、金童玉女、三官太乙、七元四圣、经纬星宿、风雨雷电、诸神岳渎、君长地上、地下主者，皆集于帝所"①，另有后梁将军张图画《紫微朝会图》，"帝被衮执圭，五星七曜，七元四圣，左右执侍，十二宫神，二十八舍星，各居其次，乘云来下"②，推测此图中紫微大帝左右执侍分布应为左七曜（五星、日月）、右七元（北斗七星）、四圣左右各二。

三、大足四圣图像研究

《道门通教必用集》中记录了四圣的形象及其方位、次序：

> "东南，存天蓬元帅……手把帝钟，素枭三辰，严驾夔龙，威剑神王……次至西南，存天猷副元帅……头戴天圆，足履地方，冠带九气，结为衣裳，日为圆象，月为圆光。身披北斗，六甲九章。……次至西北，存真武将军……龟蛇合形……次至东北，存黑煞将军……手执帝钟，头戴昆仑。"③

后世道经对四圣形象的描述更为具体，如道经中的天蓬形象④如

---

① 李廌.德隅斋画品[M]//影印文渊阁四库全书：第812册.台北：台湾商务印书馆，1986：94.

② 李廌.德隅斋画品[M]//影印文渊阁四库全书：第812册.台北：台湾商务印书馆，1986：94.

③ 吕太古.道门通教必用集[M]//道藏：第32册.北京：文物出版社，1988：39.

④ 赵伟.从大足四圣真君造像看图像的生成及流变[C]//大足石刻研究院.2009年中国重庆大足石刻国际研讨会论文集.重庆：重庆出版社，2013：563.

表4.1所示。

表4.1　道经中的天蓬形象

经书名称	头、手臂	持　物
《道法会元》卷170	三头、六臂	未描述
《道法会元》卷217	三头、六臂	左手：天蓬印、斧钺、索 右手：帝钟、结印、剑
《太上北极伏魔神咒杀鬼箓》	三头、六臂	钺斧、弓箭、剑、铎、戟、索
《太上九天延祥涤厄四圣妙经》	三头、六臂	帝钟、钺斧、剑
《太上洞渊北帝天蓬护命消灾神咒妙经》		帝钟、大斧

《太上九天延祥涤厄四圣妙经》还指明天蓬的坐骑为"夔龙",同一经中还可看到天猷的形象："肩生四臂,项长三头。身披金甲,手执戈矛。"

大足四圣像组合由一尊三头六臂像、一尊四臂像(三头或单头)和两尊单头双臂像组成。根据道经记述,可确定三头六臂像为天蓬、四臂像为天猷、单头双臂像为真武和黑煞。

(一)天蓬——三头六臂像

各窟天蓬像的特征如表4.2所示

表4.2　各窟天蓬像的特征

石窟	石门山	南山	舒成岩
位置	左壁内侧	左壁	正壁左侧
持物（左/右）	上：印/帝钟 中：弓/箭 下：龙角/长柄斧	上：(残) 中：捧印(?) 下：戟(?)/龙角	上：帝钟/斧 中：捧印 下：龙角/戟
坐骑	龙	龙	龙

南山天蓬像虽有损毁，但是现有持物与舒成岩天蓬像更为接近，推测其上方两臂持物也与之相同，为帝钟、斧。三尊天蓬像共有的持物包括印、帝钟和斧头，坐骑为龙（图4.9）。

图4.9　石门山（左）、南山（中）、舒成岩（右）天蓬像

（二）天猷——四臂像

各窟天猷像的特征如图4.10和表4.3所示。

图4.10　石门山（左）、南山（中）、舒成岩（右）天猷像

表4.3　各窟天猷像的特征

石窟	石门山(三头)	南山(一头)	舒成岩(一头)
位置	右壁内侧	右壁	正壁右侧
持物 (左/右)	上:手印/剑(?) 下:长棍/龙头	上:捧印 下:羂索/短斧	上:印/斧 下:羂索/剑
坐骑	龙	(漫漶)	龙

(三)真武、黑煞——双臂像

真武与黑煞均为单头双臂形象,在造像残缺漫漶的情况下,区分二者存在困难,结合残存的图像细节与四圣的方位排序,或可确定造像身份(图4.11)。

石门山的情况比较简单,左壁外侧像脚下踩乌龟,可断定其身份为真武,对面的残像为黑煞。南山两尊像漫漶严重,但是正壁右侧像双手姿势与石门山真武像如出一辙,且左腿外侧坐骑残留部分与乌龟头部相似。

图4.11　石门山、南山、舒成岩真武像和石门山黑煞像(从左向右)

各窟真武、黑煞双臂像的特征如表4.4所示。

表4.4 真武、黑煞二臂像的特征

石窟	石门山		南山		舒成岩	
位置	左壁外侧	右壁外侧	正壁左侧	正壁右侧	左壁	右壁
持物(左/右)	右手袖口/剑	（残）	右手袖口/剑	—	右手腕/剑	左手上举（残）
坐骑	龟	龙	龟(?)	—	龙	蛇(?)

　　另一个判断依据为方位。《道门通教必用集》记载了四圣的方位（图4.12）。此龛左壁为天蓬，右壁为天猷，正壁右侧为真武，正好符合仪轨中的四圣方位。以此判断，真武像应与天猷像位于同侧，舒成岩天猷像位于正壁右侧，因此右壁残缺上身的神将应为真武，此像左脚下可辨认出一条蛇，符合真武"龟蛇合形"的特征。

（西北）真武	（东北）黑煞
（西南）天猷	（东南）天蓬

图4.12 四圣方位

四、大足四圣图像的来源

　　大足四圣图像的来源除了道经仪轨，是否还存在其他来源？李淞先生在其关于石门山第10窟的研究中认为此窟为道教徒模仿第6号西方三圣十观音窟建造，希望与之一较高下[①]。正壁三官对应西方三圣，左右壁十尊天人对应十观音，四圣对应第6窟窟门左右的四天王。

① 李淞. 对大足石门山石窟宋代10窟的再认识[C]//大足石刻研究院. 2009年中国重庆大足石刻国际学术研讨会论文集. 重庆：重庆出版社，2013：496-497.

　　两组图像的比较显示,四圣像的确借鉴了四天王像的图像特征。比如真武像的姿势与第6窟窟口右边外侧像一致,均为右手持法器,左手握右手衣袖(图4.13)。天蓬左右手持弓、箭,而南山、舒成岩的天蓬像中均无此特征,但石门山第6窟窟口右侧的三头六臂像也有两手持弓、箭(图4.14)。为显示出四圣比四天王道高一尺,造像主还为之配备了法力强大的坐骑——龙或龟,可谓是模仿者获得的"后发优势"。

图4.13　石门山四圣、四天王比较(一)

图4.14　石门山四圣、四天王比较(二)

第三节　本章小结

本章主要讨论了大足地区宋代的三教护法神像。

现存石窟中的早期三教造像大多位于四川，大足地区的三教造像中保留有一定数量的护法神像，丰富了护法神像的造像类型。

本章首先选取佛、道、儒三教造像齐备的石篆山石窟为例，讨论三教护法神像产生的机制。石篆山的造像内容和题记均显示出造像主设计思想中的实用主义倾向，佛教经典和造像传统在这样的指导思想下成为可随意修改的"素材"。打破条框约束的工匠，通过模仿借鉴，创造出新的护法神形象。

本章重点研究了道教护法神将北极四圣。文献研究表明四圣的形成应早于宋代，而大足的三龛四圣造像是现存最早的四圣形象。通过文献和图像比较，本章确定了四圣的具体身份，并比较了石门山的四圣和四天王造像，认为四圣造像是模仿并超越四天王造像的结果。

　　大足、安岳的造像群中,以宝顶山石窟造像群规模最大。南宋大足僧人赵智凤奉持唐末四川号称"唐瑜伽部主总持王"柳本尊的教义,于淳熙至淳祐年间(1174—1252年)营建了这座大型密宗石窟道场[1],雕凿摩崖造像近万尊,在当时已成为一地名胜,进入南宋王象之《舆地纪胜》[2]的记载。

　　宝顶山密宗道场的结构层次丰富,由三个层次组成:一是核心造像群,包括宝顶大佛湾和小佛湾造像,尤其是小佛湾造像,被设计为密

① 陈明光.大足宝顶山石窟研究[J].佛学研究,2000(0):258-277.关于宝顶山石窟的性质,学界一直存在争议,有密宗道场、水陆道场等说。无论何说,均无法否认宝顶山为一精心设计、内容丰富的佛教道场。从本书研究的护法神像看,与密宗教义和造像关系紧密,因此在本章论述中取密宗道场一说。

② 王象之.舆地纪胜:六[M].北京:中华书局,1992:4367.

宗道场"内院"，供信徒修行；二是四方结界造像群，分布在各条通往大、小佛湾的道路旁，共计15处，东有龙头山、三元洞、大佛坡，西南有三块碑、松林坡，西有广大山、佛祖岩、菩萨堡、杨家坡，西北有龙潭、岩湾，北有珠始山、仁功山、对面佛、古佛寺；三是外围造像群，主要分布在安岳地区，包括石羊茗山寺、毗卢洞、华严洞等处。大、小佛湾核心造像群与四方结界造像群是相对严密的造像系统（图5.1）[①]，外围造像群与二者的关系较为松散，是宝顶山密宗道场往外的延伸。三类造像群中均分布着与密宗道场守护有关的护法神像。

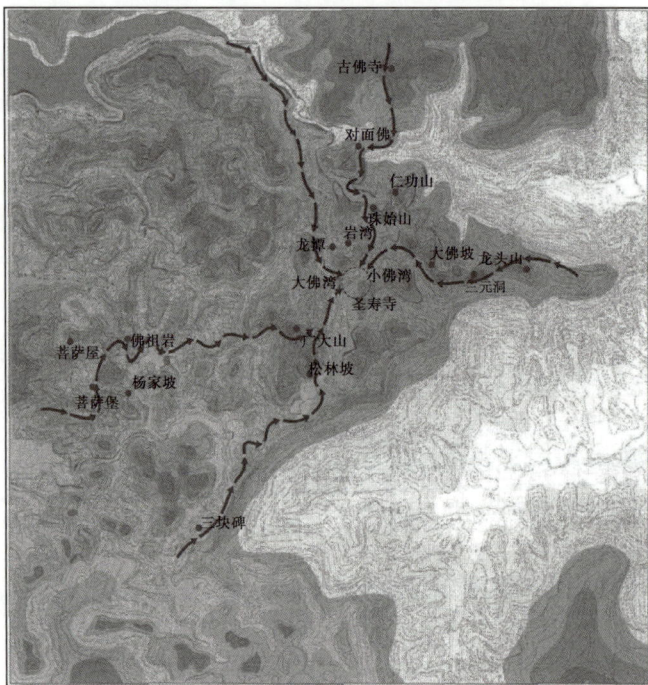

图5.1　宝顶山道场结构：核心造像群和四方结界像群

---

① 邓启兵，黎方银，黄能迁，等.大足宝顶山石窟周边区域宋代造像考察研究[J].石窟寺研究,2015(00)：76-115,451.

第一节　密宗道场护法神像

依据其位置,护法神像可分为三类:第一类是位于道场入口的道场护法神像;第二类是位于道场四周的结界护法神像;第三类是位于道场内院的小佛湾内院护法神像。外围造像群中,位置功能与之相似的造像也归入上述三类讨论。

一、道场护法神像

道场护法神像共有两处,分别位于宝顶大佛湾和安岳石羊茗山寺,均为九护法神将组合。

（一）宝顶大佛湾第2龛

此龛位于大佛湾南崖(图1.11),与第1龛"猛虎下山"相接,旁边为大佛湾的入口①。此龛分上下两层,主尊为九位护法神将面西并排站立,位于上层,上层两侧各有一组侍从,每组三位。下层在山岩之间分布七位鬼卒。护法神将高约2.3米,肩宽约0.65米,两侧侍从身高约1.5米。

左侧(南侧)第一位神将(图5.2)脸部漫漶,头向左侧,身着山文甲,身甲长至腹下,腰间有抱肚、兽首腹护,腿裙及膝下,左手身侧下垂,右手下臂举起,手部已残。赤足。头左侧祥云上站立一神将,三头六臂,头戴高冠,飘带绕身,上两臂高举,中间两臂胸前合掌,下两臂左手外扬,右手腹前持剑。

第二位神将(图5.3)为兽首人身,嘴大张,从中伸出第二个头(漫

---

① 此处为旧时入口,现已关闭。

漶）。左手抓嘴角，右手残损。身着山文甲，身甲长至腹下，腰间有抱肚、腹护，腿裙及膝，下方露出内袍下摆，小腿裹铠甲，赤足。双肩有飘带下垂至膝盖两侧。头左侧祥云上站立一神将，头戴冠，双手在腰部左侧相握，飘带绕身。

图5.2　大佛湾第2龛护法神将1

图5.3　大佛湾第2龛护法神将2

图5.4　大佛湾第2龛护法神将3

图5.5　大佛湾第2龛护法神将4

　　第三位神将(图5.4)深目高鼻,眉头紧蹙,下颌宽大,大嘴微张,满脸横肉。头戴笠,笠顶束巾。肩部披巾,身着铠甲,腰间有抱肚、腹护,系腰带,小腿裹铠甲,赤足。左手抓一人头,右臂下垂,手残。头左侧祥云上站立一神将,头戴高冠,上身袒露,腰间系裙,飘带绕身,左手置于腰侧,右手高举斧头。

　　第四位神将(图5.5)深目高眉,眉头紧蹙,大嘴宽颌,闭嘴,面目狰狞。头顶两团束发,额上系带,正中装饰骷髅头,两侧有火焰形卷发上扬,耳后披发。肩部披巾,身着窄袖战袍,袖口挽起,外披编织纹铠甲,身甲长至腹下,腰间有抱肚、腹护,系腰带,小腿裹铠甲,赤足。左手抬起,牵一只小动物,小动物爬到右肩。右手高举,拇指和食指抓住另一只小动物,两只动物呈对视状。头左侧祥云上站立一神将,头戴高冠,上身袒露,腰间系裙,飘带绕身,左手高举,右手在腰侧抓住飘带。

　　第五位神将(图5.6)瞪目张鼻,眉毛上扬,咧嘴露齿。头戴兜鍪,上顶红缨,红缨束带向上飞扬,兜鍪两侧有翼形护耳,下有颈护,颈护向上扬起。身穿曲领宽袖战袍,外披山文甲,肩部有兽首护肩,戴臂护,两裆身甲长至腹部,腰间有抱肚,腰带穿过兽首腹护,腿裙及膝,小臂、小腿均裹铠甲,脚底蹬靴,飘带绕身。右手斜持宝剑,左手抬起,掌心向上,手指似捏住剑锋(残)。神将头顶有一圆形身光,内有结跏趺坐、双手合十的佛像一尊。身光两侧各有一飞天,人头鸟身,头顶束发戴冠,背上披羽翼,尾部长羽上飘,呈"S"形,左侧飞天双手举一支莲花,右侧飞天双手合十。

　　第六位神将(图5.7)高眉深目,宽颌大嘴,张嘴露牙。头上裹巾,裹巾前方装饰火焰宝珠。肩部披巾,身穿窄袖战袍,外披花形纹铠甲,身甲长及腹下,腰部有抱肚、腹护,系腰带,战袍下露出小腿,外裹兽首装饰的铠甲,赤足。左手上扬,紧握一条蛇的尾巴。右手腹前握拳。头左侧祥云上站立一神将,头戴高冠,袒胸披氅,腰间系裙,双手捧金刚杵,左手下托,右手上扶。

图5.6　大佛湾第2龛护法神将5

图5.7　大佛湾第2龛护法神将6

图5.8　大佛湾第2龛护法神将7

图5.9　大佛湾第2龛护法神将8

　　第七位神将（图5.8）高眉深目，双唇紧闭，头向右上方微微抬起。怒发上扬，额上系带，发带前装饰骷髅头。身披窄袖战袍，外着两裆铠，腰间有抱肚、腹护、腿裙及膝，小臂、小腿包裹铠甲，赤足，腰间系飘带，在身侧和腹前飞扬。左手托鬼面大刀，右手抬至胸前，手指指向刀身。头顶右侧祥云上站立一神将，头戴高冠，身着铠甲，腰间有抱肚，飘带绕身,左手放右手小臂上,右手在腹前拄剑。

第八位神将(图5.9)高眉深目,嘴唇紧闭,嘴唇上有八字须,耳后有怒发上扬。头戴乌角巾,乌角巾上部裹巾。身穿窄袖内袍,披铠甲,铠甲外罩翻领大袖长袍,长袍外系抱肚、腹护,脚下蹬靴。左手胸前捧葫芦,右手握芭蕉扇,高举至头顶。头顶右侧祥云上站立一神将,头戴花冠,腰间束裙,飘带绕身,双手胸前合掌捧铜。

第九位神将(图5.10)高眉深目,双唇紧闭,头往左侧。头戴圆笠,笠顶戴缨。肩部披巾,身穿长袍,袖口上挽,披山文甲,身甲长至腹下,腰间有抱肚、腹护,腿裙及膝,小腿裹甲,赤足。左手上举握拳,拳头上站立一鸟,上方岩石上还站立二鸟,右手下垂,在腰侧抓住一鸟。头顶右侧祥云上站立一神将,三头六臂,头戴高冠,身着窄袖长袍,袖口挽起,飘带绕身,两臂上举至头侧,两臂胸前抱拳,其余两臂在身侧,左手持羂索,右手上持剑。

图5.10　大佛湾第2龛
护法神将9

左侧(南侧)三位侍从头部漫漶,分脚站立岩石间(图5.11)。外侧侍从脸部似兽面,脑后有牛耳形痕迹,袒胸露乳,肩部披巾,着短氅,下着短裙,腰带上插一短棍,膝盖下绑带。左手持旗,右手指向簿册。旗帜上部停留一鸟。内侧侍从身着圆领长袍,系腰带,双手摊开一卷簿册,左脚抬高,踩岩石上,膝盖托起簿册,长袍下部露出三爪形脚。后排侍从站岩石上,身着长袍,系腰带,双手胸前相接。内侧侍从头顶有菩萨立像,着宽袖交领长袍,头部披巾,双手在左侧捧钵形物。侍从手托簿册上刻有经文:"证是宝山,一寸地土,一树丛林,一钱物及飞禽杂类等,各□华严大斋八万□千会,每会转(大)藏经一遍□□,不许人妄□□心,侵犯谋(害)□物命,仰三界□法、八大、六通□守护,若依□□

佛戒,同获□□富贵,长远□□佛语,受□□□□(三)□□□。"①

图5.11　左侧侍从

图5.12　右侧侍从

右侧(北侧)三位侍从身着圆领长袍,系腰带(图5.12)。内侧侍从为人首鸟足,长袍及膝,露出细长的小腿,脚掌似三趾鸟爪,左手胸前握拳,右手执旗杆,扛右肩上。外侧侍从为兽首人身,脚蹬皂靴,躬身抬头望向内侧侍从,左手撸起右手衣袖,右手用力抬起水桶。后排侍从为鸟首人身,左手高举,眼睛望向左手,右手残。旗帜前方有一佛站云头上,着僧祇支,左手拄锡杖,右手伸出。

护法神将脚下为嶙峋怪石,其间有七位鬼怪。

南侧第一位鬼怪位于第一位神将脚下。身体部分漫漶严重,头部似羊,向右侧,尖嘴,颌下有须,杏仁小眼,头顶有角和竖起的小耳。左肩扛长枪,左手扶枪杆。第二位鬼怪位于第二、第三位神将之间的下方。漫漶严重,头侧双耳耷拉,可能为猪头,双手在右肩托举方形物体。第三位鬼怪位于第四位神将脚下。头部漫漶严重,身穿圆领窄袖长袍,蹲坐岩石上,左手置腹前捧鞭,右手高举。第四位鬼怪位于第五位神将脚下。兽首人身,脑袋似牛,偏向左上方,下颌突出,嘴大张,露齿,鼻孔张开,高眉深目,有牛耳,双耳之间戴乌角巾。蹲坐岩石上,身

---

① 据《大足石刻铭文录》,刻经是《大藏佛说守护大千国土经》的略写。佛祖岩、龙头山亦刻有此经,详略不同。

穿圆领窄袖长袍,双手在头顶托盘。第五位鬼怪位于第六、第七位神将之间的下方。兽首人身,脑袋似兔,扭向左上方,尖头,嘴部凸出,杏仁眼,细长耳。身穿圆领窄袖长袍,双手胸前抱拳捧短斧。第六位鬼怪位于第七、第八位神将之间的下方。兽首人身,脑袋似猴,偏向右侧,眼睛圆瞪,皱额头,鼻、眉不显,小耳,下颌突出,薄唇紧闭。身穿圆领窄袖长袍,左肩扛果盘,双手扶盘,左脚抬起,踩岩石上。第七位鬼怪位于第九位神将脚下。头部已毁,肩部披巾,腰间系抱肚,腰下穿裙,左手执三叉鱼叉,扛左肩上,叉上系红缨,叉头指向岩石间盘旋的一条蛇,右手胸前握拳,跷起大拇指。

(二)茗山寺九护法神将

茗山寺位于安岳县石羊镇附近的虎头山顶,始建于唐代。古寺已不存,宋代在寺庙下方围绕山头开凿的摩崖石刻尚存。沿着唯一的小道进入茗山寺盘踞的独峰,寺庙台阶以下有环形路径,可供信徒沿途朝拜。沿路径向左走,即可看见编号第12的十二护法神龛,即造像群的起点。

此龛壁面呈九十度转折,其中九尊造像面东,三尊造像面北。仔细观察会发现两个壁面实际为独立的两龛,两组造像之间有一个护法神将宽度的明显间隔,此外,九尊像等级相同,三尊像则是一主尊二胁侍的组合,因此十二护法神将应该拆分为九护法神将和一护法二胁侍。造成识别错误的原因有二:一是二龛均为护法神将,后者主尊与前者各像形象相似,而胁侍漫漶严重,被误认为与主尊相同等级的护法神将;二是前者左壁和后者右壁共享一个壁面,而此壁面损毁严重,造成无间隔的误读。为研究方便,本书将九护法神将龛编号为12-2,一护法二胁侍龛编号为12-1。

第12-2龛为长方形平顶龛,龛高2.3米,护法神将高1.8米。九位护法神将均为高眉深目、大嘴,身穿长袍甲胄,外披半袖大氅,胸下系束甲绊，腰间系抱肚、腹护，膝盖以下漫漶严重，位列最左边的三位神将保留最完整，膝盖以下为云气覆盖，推测其他五位神将情况相似（图1.50）。

从左数第一位神将脸往左侧，下颌突出，双唇紧闭，唇上有须。头上裹巾，铠甲为山形纹，腰带上扎飘带，在腿前垂下。左手下垂，手中持物不明，右手上举，掌心朝上，微微握拳，拇指跷起，持物不明。膝盖以下掩云气中。

第二位神将头部戴冠（漫漶），嘴中衔刀。披肩巾，胸前开口，双手扒开伤口，内有一佛头。膝盖以下掩入云气中。

第三位神将嘴大张，眼睛望向右下方。头戴兜鍪，有翼形护耳。外袍飘起。左手向下，五指张开，似按住一鬼卒头部，鬼卒左手上举，抓住神将小臂，右手上举（残）。膝盖以下隐约可辨云气。

第四位神将额上戴冠，冠前有骷髅形装饰（漫漶），耳鬓垂发一缕。肩部披巾。右侧衣袍下摆上掀，握左手中，右手身侧持长棍。

第五位神将脸部漫漶，脸微微右侧。耳侧有翼形物，推测神将头戴兜鍪，残存翼形护耳，披肩巾，左手前伸（残），右手胸前执剑。

第六位神将头顶束发，向左上方侧脸，眼睛望向高举的左手。腰带上扎飘带，在大腿前垂下。左手上举，手中握蛇头，蛇身缠绕手臂，右手置腰侧（残）。

第七位神将闭嘴，向右侧脸，头顶束发，戴曲边笠，耳后披发。大腿前有弧形飘带。左手腰侧托鬼面大刀，刀尖高达耳侧，右手胸前握拳。

第八位神将嘴唇闭合，唇上下有长须，头戴乌角巾，左手下垂，在腰侧托物（漫漶），右手上举，在头顶挥芭蕉扇。

第九位神将张嘴（上唇毁），向左上方侧脸，眼睛望向高举的左手。头戴笠。左手上举，手擒一鸟，可辨出鸟爪、羽翼，右手在身侧下垂。

　　虽然茗山寺造像漫漶更为严重,但其中大部分护法神像的关键图像特征依然可以辨识,将之与宝顶大佛湾第2龛相比,会发现二者出于同一母本(表5.1)。

　　比如第二尊护法神像均有一头从身体内伸出,大佛湾神像有一头从嘴中探出,茗山寺神像是用刀剖开胸膛,胸中有一头,而且头上有螺髻,应为佛头,表示"心中现佛"(图5.13)。这种样式可见于杭州烟霞洞五代罗汉像,东壁第二尊罗汉右手拉开胸膛,心中显现佛面(图5.14)。

图5.13　宝顶大佛湾、茗山寺护法神像比较　　　图5.14　烟霞洞"心中现佛"罗汉

　　第三尊神像左手均持一人头,区别在于大佛湾神像仅表现人头[①],茗山寺神像于人头下表现了整个鬼卒。

　　第五尊为九护法神将之首,两处均为头戴兜鍪,右手持剑的形象。

　　第五尊右侧的四尊神像形象更为接近,第六尊右手均持蛇,第七尊左手均托鬼面大刀,第八尊为头戴乌角巾、右手头顶挥芭蕉扇的形象,第九尊为头戴笠、左手上举一鸟的形象。

---

① 神像现状已经无法辨识出人头,图录中的照片拍摄时代略早,可辨认出人头。见大足石刻研究院.大足石刻[M].重庆:重庆出版社,2012:102(图65).

表5.1　九护法神像比较

顺序	宝顶大佛湾第2龛	安岳茗山寺第12-2龛
1	左手身侧下垂,右手下臂举起,手残	头上裹巾;左手下垂,右手上举,手中持物不明
2	兽首人身,嘴中伸出一头;左手抓住嘴角	嘴中衔刀;双手扒开胸前伤口,内有一佛头
3	头戴笠;左手持一头	头戴兜鍪;左手按住一鬼头,右手上举
4	头顶两团束发,额上系带,正中装饰骷髅头;左手抬起,牵一只小动物,小动物爬到右肩,右手高举抓住另一只小动物,两动物对视	额上戴头冠,头冠正前方有骷髅形装饰;左手握衣袍角,右手在身侧持长棍
5	头戴兜鍪;右手斜持宝剑	头戴兜鍪;右手胸前执剑
6	头上裹巾,裹巾前方装饰火焰宝珠;左手上扬,紧握一条蛇的尾巴	头顶束发;左手上举,手中握蛇头,蛇身缠绕手臂
7	额上系带,发带前方装饰骷髅头;左手托鬼面大刀	头顶束发,戴曲边笠;左手在腰侧托鬼面大刀
8	头戴乌角巾,乌角巾上部裹巾;左手胸前捧葫芦,右手高举芭蕉扇至头顶	头戴乌角巾;右手上举,在头顶挥芭蕉扇
9	头戴圆笠,左手上举一鸟	头戴笠,手上举一鸟

二、结界护法神像

　　结界护法神像分布较散,每处仅1~2龛,造像内容以毗卢佛和护法神将为主。宝顶周边结界像中包括护法神像的龛窟分布在龙头山、珠始山、菩萨堡,圣寿寺维摩顶有一转法轮塔,其原始位置在仁功山,也属于结界护法神像。此外,茗山寺12-1龛、小佛湾第3龛对面的护法神像风格与上述结界护法神像相似,也归入一并讨论。

（一）龙头山结界护法神像

龙头山大佛湾东3千米处孤峰顶上，围绕山头共有两龛造像，第1号毗卢佛龛面东南，第2号护法神将龛面北。两龛中均有护法神像。

1. 龙头山第1龛

此龛主尊为毗卢遮那佛，左右各立一护法神将（图1.26）。笔者2011年实地考察发现二神将漫漶严重，左侧神将几乎已不存，右侧神将可辨识大概。《总录》记载："左右两侧各立一护法金刚，高2.18米，宽0.80米。二像皆顶盔贯甲蹬靴，盔带束于颈下。左金刚尖嘴长须，胸以下已残，右金刚横目瞪眼，左手持一物似长柄伞，右手握于胸前。"[①]笔者考察发现左侧神将头部右侧尚有一只鸟遗存，头朝下，尾巴朝上，即《总录》记载后壁须弥山上有"青鸟一只，双脚立山石上，正低头在地上啄物（似珠串，已风化）"[②]。

佛座面有铭文："不准六种外道□□□精灵，妄起贪爱□□□盗心，侵犯一毫一□□仰天龙八部、六通□□大圣者护戍大力□□□施行，令犯□□□□一法苦□□□□□□（下8行72字全泐灭）。"

2. 龙头山第2龛

此龛主尊为护法神将，左右各有一组造像（图1.27）。主尊现状相比《总录》编写时残损较严重。《总录》记载："主像护法金刚面北而立。金刚面貌狰狞，瞪目张口，满脸胡须，头顶高盔，两鬓怒发冲起，冠两侧冒出两条火焰，佛头上射出两条毫光，交叉分布于龛顶。金刚内着铠甲，外穿长袍，腰间束带，肩披斗篷，其左手向前举二指，右手握一把鬼头刀（残），刀柄头为一环，环下系饰带。金刚肩后壁上有火焰上飘，脚下有二风火轮，左脚下踩一轮，有火焰飘上袍角，另一轮刻于右脚下龛

---

① 四川省社会科学院，大足县政协，大足县文物管理所，等. 大足石刻内容总录[M]. 成都：四川省社会科学院出版社，1985：256.

② 四川省社会科学院，大足县政协，大足县文物管理所，等. 大足石刻内容总录[M]. 成都：四川省社会科学院出版社，1985：256.

外壁上，轮左有火苗数朵及缕缕行云。"[1]神将现状和《总录》记载相比，脸颊和下颌已毁，化佛射出的毫光已漫漶，左手腕部以下不存，右手鬼头刀仅存部分刀柄及饰带。此外，依据现状推断，《总录》的描述存在个别不恰当或不详尽之处。神将头上并非"高盔"，而是类似乌角巾的高冠，且在头冠外部裹巾束带。"肩后壁上有火焰上飘"不准确，火焰来自左手（不存），沿左臂上扬，应与左手的法力有关。左脚下不见风火轮，袍角的火焰来自右脚前方下部的火轮。

左侧上排为一金刚，头扎束发巾，身着战袍，其左手持一巾，右手于胸前持一索。左侧下排外侧立一兽头人身怪兽，左手持长棍背负于肩，右手抓住一人衣领。右侧上排为一金刚，面目狰狞，俯瞰下方，头戴发箍，箍中为一骷髅，身着对襟短裈，中系一结，胸腹外露，其左手指天，右手高举持物似锤。右侧下排外侧为一兽头人身怪兽，亦顶盔着甲，其双手抓住一戴枷囚犯。

（二）珠始山结界护法神像

珠始山（又名殊始山）仅一窟造像。居中为毗卢佛半身像，左右各有四位护法神将，上下两排错落站立，窟壁浮雕山石，毗卢佛和神将身下祥云缭绕（图1.28）。

四位护法神将高1.16米，肩宽0.54米，胸厚0.30米，相貌相似，脸型瘦长，高眉深目，下巴突出。

左侧下排内侧神将头戴兜鍪，上顶红缨，有翼形护耳，身着窄袖曲领长袍，肩部有飘带垂下，胸前有山形纹护心镜，腰部有抱肚、腹护，神将双手胸前合掌。左侧下排外侧神将头顶金冠束发，身着曲领宽袖长袍，袖口下部系结，双手在左腰侧托举束棒。左侧上排内侧神将怒发冲天，脸部漫漶，身着铠甲，可辨识抱肚、腰带，双手托大刀。左侧上排

① 四川省社会科学院，大足县政协，大足县文物管理所，等.大足石刻内容总录[M].成都：四川省社会科学院出版社，1985：256.

外侧神将身着交领长袍,左手上举,似手握一长锥形法器,右手置胸前。

右侧下排两位神将下半身不存,内侧神将身着窄袖长袍,头顶戴笠,颌下系带固定,肩部有飘带垂下,左手前伸,右手置于胸前,细节漫漶。外侧神将头顶高帽,手捧葫芦,葫芦横躺,有云气冒出。右侧上排内侧神将头转向右上方,张嘴探舌,身着窄袖长袍,头顶束发,肩部披巾,腰部束带,右肩扛长枪,枪头系红缨。右侧上排外侧神将额上束巾,脑后怒发飞扬,身着窄袖长袍,肩部披巾,腰间有抱肚、腹护,神将双手拄旗杆,大旗飞扬。

毗卢佛头部左右各有"风调雨顺""国泰民安"四字。

(三)菩萨堡结界护法神像

菩萨堡三身佛龛位于大佛湾西南约2.5千米道边巨石上。龛高2.63米,宽2.3米,分为上下两层,上层为三身佛半身像,中间的毗卢佛高58厘米,下层为三尊护法神像,中尊高1.03米①(图1.29)。上层有偈语"假使热铁轮/于我顶上旋/终不以此苦/退失菩提心",下层主尊左侧题刻"山神众",右侧题刻"树神众"。

下层高约0.9米,三像仅露出腰部以上。主尊瞪眼扬眉,宽颌大嘴,闭嘴,满脸横肉,头戴高冠,冠上裹巾,耳后有怒发冲天。着宽袖战袍,外披铠甲,飘带绕身,飘带在脑后形成头光样式,神将左手胸前持摩尼宝珠,右手身侧捧宝剑。左侧右二胁侍龇牙咧嘴,瞪目扬眉,身披肩巾,腰间系裙。左侧为山神,头顶戴冠,冠后头发化作山岩;右侧为树神,头发上扬幻化为树枝。

龛内造像内容和布局与宝顶小佛湾第4窟相似。

---

① 唐毅烈.大足宝顶菩萨堡摩崖造像考述[J].四川文物,1996(3):45-46.

（四）其他

1. 茗山寺12-1龛

此龛即九护法神将龛左侧的一护法二胁侍（图1.49）。它距离入口最近，龛壁雕满山石，与地面相接位置可见云气。主尊高近2米，头偏向左侧，瞪眼扬眉，眉头紧蹙，眉毛与鬓角相连，在耳郭上方直立竖立，耳后有披发，嘴唇闭合，上唇有胡须痕迹。头戴乌角巾，乌角巾上部有裹巾。头冠后有云气飘出，云头上有莲台，上有结跏趺坐佛像。神将着曲领内袍，披山文甲，铠甲外罩翻领长袍，系束甲绊，腰间穿抱肚，系腰带。有飘带自脑后沿双肩、身侧垂至地面。神将左手小臂平举，右手在腹部横持短剑。

左胁侍位于主尊左手臂下方，漫漶严重，姿势可能面朝主尊供奉。右胁侍脸部漫漶，张嘴，怒发冲冠，着半袖上衣，胸前系结，穿短裤，系腰带，左手上举，右手损毁。

此龛主尊造像与龙头山第2龛造型相似，考虑其位置在九护法神将之前，性质也应和龙头山护法神将一致，为结界神。但是就规模而言，茗山寺道场只能算是宝顶山的微缩版。

2. 小佛湾第3窟对面护法神像

窟口对面有两尊分脚站立的护法神将，为别处移来，造像由整块岩石雕凿而成，并非条石组成。二像尺寸相似，连带底座高约2米，宽约0.5米，雕刻风格也一致，在其原始位置或为一组护法神将（图1.19右）。

一尊护法神像漫漶严重，头部为后世敷泥补做（仅存一半），身着窄袖长袍，外披两裆铠，身甲及膝，腰间有抱肚，飘带绕身。手部已毁，据遗留部分判断，其位置在身前。

另一尊护法神像保存较完整，长脸宽颔大嘴，高眉深目，面部狰狞，头戴兜鍪，有翼形护耳和颈护，顶部似有化佛（漫漶），其高度几乎等同于护法神像脸部。身着宽袖战袍,袖口系结,外披两裆铠,身甲及膝,腰间有抱肚,飘带绕身。左手握右手手腕,右手腹前挂剑。

此两尊护法神像与结界护法神像风格一致,也一并归入讨论。

三、宝顶小佛湾内院护法神像

小佛湾的密宗道场内院护法神像包括三组,此外一墙之隔的圣寿寺灌顶井窟也有一组护法神像。考虑到圣寿寺和小佛湾的密切关系,以及灌顶井窟与密宗道场护法神像风格接近,因此也一并纳入讨论。

（一）第4窟金刚神

此窟位于佛坛东侧,即走上二层楼梯见到的第一个主要造像。左右壁为圆形小龛形式的千佛,正壁造像分为三层,底层造像体量最大,中心造像为一坐在岩石上的金刚护法,左右云气中现身三位鬼怪形胁侍。神将头顶是胸前拱手的毗卢佛,手臂以下为云气遮挡,毗卢佛为第二层主尊,左侧为居士装束的柳本尊,右侧为双手置腹前、结跏趺坐的佛,二者体量略小于主尊。毗卢佛头顶刻"毗卢庵"三字,毗卢佛头部两侧各有一偈语:"风调雨顺/国泰民安""佛日光辉/法轮常转。"毗卢佛手臂两侧各有一偈语:"假使热铁轮/于我顶上旋/终不以此苦/退失菩提心""假使经百劫/所作业不忘/因缘会遇时/果报还自受。"顶层为七个小圆龛,龛内为七佛。以下重点叙述底层造像(图1.20)。

神将瞪眼似铜铃,双眉上扬,龇牙咧嘴露舌,满脸横肉。头戴兜鍪,两侧有翼形护耳,上顶红缨,红缨分为左右两缕。身着窄袖战袍,袖口挽起,小臂戴臂护,外披山形纹两裆铠,身甲垂直腹下,胸下有束甲绊,腰间双层抱肚,腿裙长至小腿肚,飘带绕身。神将屈膝,左脚探出,左手撑左腿上,右手身前挂剑。

左侧上排侍从虎头人身,身着圆领宽袖长袍,系腰带,左手下垂,右手上举,拇指和食指相触,持物不明。中排侍从鬼面人身,高眉深目，宽颌大嘴，怒发上扬，身穿窄袖衣袍，肩部披巾，胸前拱手。下排侍从长吻，杏仁形眼，眼睛后方有小耳，双手捧一大葫芦，葫芦口朝向主尊。三位侍从均看向主尊，其中下排、中排侍从为侧身像。

右侧三侍从分上下两排站立，下排和上排外侧侍从均为鸟头人身，头前有尖锐鸟喙，小圆眼，眼睛后方有小耳。下排外侧侍从身穿窄袖圆领长袍，系腰带，右手提水桶。上排外侧侍从身体被遮挡，露出长袍圆领，手托一柳叶形扇。上排内侧侍从为鬼脸，高眉深目，宽颌大嘴，头戴幞头（软翅），身穿圆领宽袖长袍，手持一卷展开的簿册。三位侍从均扭头望向主尊。侍从脚下的岩石上匍匐着一只小兽，尖头，小圆眼，有耳，似羊。

（二）第9窟毗卢庵

此窟位于第3窟上方，佛坛西侧。窟口朝北，上方有"毗卢庵"三字，窟内横梁将窟室分为前后两部分，横梁及横梁后左右壁上层与正壁毗卢佛构成五佛四菩萨，前室左右壁上层为柳本尊十炼图，两侧壁下层为八大明王。

毗卢庵外部同样布满造像，东西壁造像分为上下两层，上层为圆龛样式的千佛（四排），下层为两位护法神将及其胁侍，左右共计四护法八胁侍，面容相似，均为鬼面，瞪眼似铜铃，眼眶深陷，宽颌大嘴，满脸横肉，全身肌肉发达（图1.22）。

东壁（由北向南）第一位神将头向左侧，闭嘴，头戴乌角巾，上部裹巾，冠后头巾飞扬，耳畔有怒发上扬。披肩巾，着窄袖袍，手持短柄武器（残）。第二位神将嘴大张，头向右侧，头戴圆笠，上顶红缨，身穿宽袖战袍，外披铠甲，小臂戴臂护，飘带绕身。右手身前持长斧，左手上举扶斧柄。第三位神将头微微向左，张嘴，怒发上扬。上身赤裸，露脐，肩部披巾，手腕戴钏，有细蛇缠绕，腰间系裙。左手高举至头顶，五指张开，手掌朝外，右手腰侧竖托大刀。第四位神将背部朝外，双脚叉开,身体朝向第五位神将,嘴大张,怒发飞扬。上身披褂,手腕戴钏,有细蛇缠绕,下身着短裙,小腿绑护腿,赤足。双手持长枪,指向躺倒在地的鬼卒,右手在上,左手在下,左手下方岩石上站立一只鸟。第五位神将闭嘴露獠牙,下颌有八字形卷须,头戴兜鍪,上顶红缨,两侧有翼形护耳。身穿宽袖战袍,外披铠甲,系束甲绊,腰部有双层抱肚,小臂戴臂护,飘带绕身。左手身前持剑,右手上举扶剑身。抱肚以下为云气所遮挡。第六位神将头向左拧,张嘴吐舌,额上束发带,怒发冲冠,发带飞扬。赤裸上身,外披一短褂,胸前系结,手腕戴钏。左脚向前迈步,左手抓住躺地鬼卒的头发,右手高举握铜,欲刺向鬼卒。

　　西壁(由北向南)第一位神将头向后望,闭嘴,怒发上扬,发顶有球形装饰,肩部披巾,腰部系裙。左手向前举旗,右手搭左肩上。第二位神将大张嘴,头戴圆笠,上顶红缨,身穿宽袖战袍,外披铠甲,系束甲绊,腰部有双层抱肚,小臂戴臂护,飘带绕身。右手身前持大刀,左手上举扶刀尖。第三位神将头向后望,嘴大张,怒发上扬,肩部披巾,上身赤裸,露脐,腰间系裙。左肩停留一鸟,左手胸前握拳,右手高举。神将身前有嶙峋山岩,其间有摩尼宝珠和岩中穿梭的长蛇。第四位神将背部朝外,双脚叉开,转身拉弓。头戴笠,上顶红缨。上身披褂,腰间系箭筒,小腿绑护腿,赤足。左手绷直举弓,右手拉弦,箭在弦上。箭头指向第一位神将脚下的一个恶鬼,恶鬼被射倒在地,左手抓住射入腹部的箭,右手高举。第五位神将龇牙咧嘴,头向左拧,望向左手。耳后披发,头顶有火焰形冠,身着宽袖战袍,外披铠甲,系束甲绊,腰间着双层抱肚,小臂戴臂护,飘带绕身。左手举起,手心托一葫芦,葫芦口冒出火焰,右手持铜。第六位神将头向右拧,额上束发带,怒发冲冠。赤裸上身,外披一短褂,胸前系结,手腕戴钏,腰间系裙。左手高举,手心抓蛇,右手于腰侧持剑,右手下方岩石中有蛇钻出。除第四位神将外,其他五位神将腰部以下均为岩石所遮挡。

　　东、西壁第二位和第五位神将身披铠甲,体型更宽,其他神将仅披巾或穿布裙，因此可推断身穿铠甲的四位为主尊，其他八位为胁侍。

（三）第3窟

此窟位于小佛湾佛坛下方西侧，结构上与佛坛西侧的毗卢洞（编号第9）相连，毗卢洞内地面即为第3窟窟顶。此窟由条石堆砌而成，正壁为一佛结跏趺坐圆龛内，左右壁分层雕刻多个场景，其内容为大方便佛报恩经变相和父母恩重经变相。窟门右侧有二护法神将，高约2米，宽约1米，在条石上减地浮雕而成，左侧相应的位置仅存壁面1米左右，没有造像，推测原本刻有二护法神将，后世修筑圣寿寺东围墙时截断壁面，毁坏造像（图1.19左）。

二护法神将分脚站立，身体朝外，头部转向窟口。外侧护法神将瞪眼似铜铃，大嘴紧闭，怒发上扬，面目狰狞。赤裸上身，手腕、胳膊、脚腕戴钏，露脐，腰间系裙，裙角飞扬，有飘带自脑后沿双肩下垂至地，另有飘带从左肩斜绕至右胸下身左手抬起小臂，握拳，掌心朝上，右手腰侧握拳。内侧护法神将脸部漫漶，张嘴，披发，身着右衽交领宽袖长袍，左手抬起小臂，手部已毁，右手于腹前曲食指和中指，掌心朝内。

（四）圣寿寺灌顶井窟

此窟位于圣寿寺三世佛殿后，由五块竖立的龛构成，正壁龛主尊为观音菩萨，左右有居士装束的胁侍和圆龛样式的佛（小）。左右壁各有两龛，内侧龛为一护法神将，外侧龛主体为一护法神将，上方有一圆龛样式的佛（小），外侧二龛朝向窟口面刻戒律"持佛戒律现受吉祥""犯佛戒律现受不□"。

内侧二护法神将漫漶严重，满脸横肉，瞪眼闭嘴，头戴乌角巾，身穿长袍，外披铠甲，腰间系抱肚，脚下蹬靴，飘带绕身。

外侧护法神将为牛头人身，粗眉瞪眼，宽颌大嘴，颌下有短须，左边护法神将龇牙咧嘴，右边护法神将闭嘴，两侧露獠牙，毛发后扬，小尖耳，耳上有弯角。两侧护法神将均扭头看向窟口。肩部披兽皮，身穿窄袖衣袍，挽袖。左边护法神将左手在身体右侧托举大刀，右边护法神将左手托箭筒，右手伸出食指，指向箭筒（图1.24）。

第二节　造像依据与造像性质

以往关于这批造像的研究较少，常常以"护法神"笼统称之，两位学者何恩之和Henrik H. Sørensen在其研究中专门讨论过宝顶大佛湾第2龛和茗山寺第12龛中的护法神的身份和图像来源，认为大佛湾九护法神将下方的兽头人身像为十二生肖[①]。下方兽头人像仅有七尊，与十二之数不合，此论显然存在问题。

在论及九护法神将的身份时，何恩之仅简单说明他们应该是《佛说守护大千国土经》中的夜叉，Sørensen则在此基础上更进一步，寻找九护法神将在佛经中的依据，他认为有两个可能的依据[②]。一是东晋帛尸梨蜜多罗译《佛说灌顶百结神王护身咒经》卷四中，佛陀提到了须弥山顶居住有百神王，其中一组神王为九位："（神王名）……是九神王当以威神为某作护辟除凶恶无诸恼患，他余鬼神不得其便，远百由旬无相娆害，带持结愿神王名字，外诸恶魔无不除却，获善利安令得吉祥。"[③]但是该经在四川并无信仰基础，因此Sørensen认为九护法神将的来源应该是《八十华严·入法界品》中提到的"九神王"："常勤守护一切智智无上法城诸大龙王、常勤守护一切众生诸夜叉王、常令众生增

---

①　HOWARD A F. Summit of treasures: Buddhist cave art of Dazu, China [M]. Trumbull, CT: Weatherhill, 2001: 5. SØRENSEN H H. Buddhist sculptures from the Song Dynasty at Mingshan Temple in Anyue, Sichuan [J]. Artibus Asiae, 1995, 55(3/4): 281-302.

②　SØRENSEN H H. Buddhist sculptures from the Song Dynasty at Mingshan Temple in Anyue, Sichuan [J]. Artibus Asiae, 1995, 55(3/4):281-302.

③　大正新修大藏经：第21册[M]//东京：大正一切经刊行会，1934：505.

长欢喜乾闼婆王、常勤除灭诸饿鬼趣鸠盘荼王、恒愿拔济一切众生出诸有海迦楼罗王、愿得成就诸如来身高出世间阿修罗王、见佛欢喜曲躬恭敬摩睺罗伽王、常厌生死恒乐见佛诸大天王、尊重于佛赞叹供养诸大梵王。"①由于华严思想是大足造像的重要内容，且"九神王"中的七尊属于天龙八部，后者在唐代四川造像中非常普遍，因此 Sørensen 认为宝顶大佛湾和茗山寺的九护法神将为上述"九神王"，是天龙八部在宋代的替代者。

Sørensen 的观点或可商榷。

首先，在上述经文中，"九神王"并非单独成组出现，他们前面还有"常随侍卫诸金刚神、普为众生供养诸佛诸身众神、久发坚誓愿常随从诸足行神、乐闻妙法主地神、常修大悲主水神、智光照耀主火神、摩尼为冠主风神、明练十方一切仪式主方神、专勤除灭无明黑暗主夜神、一心匪懈阐明佛日主昼神、庄严法界一切虚空主空神、普度众生超诸有海主海神、常勤积集趣一切智助道善根高大如山主山神、常勤守护一切众生菩提心城主城神"②，因此"九神王"作为一个组合在这里并不成立。

其次，宝顶大佛湾孔雀明王窟中也有天王、龙王，他们和九护法神将的形象相距甚远。而设计开凿这两龛的工匠应为同一批人，不可能在雕凿同一个形象时出现如此大的差异。

至于《佛说守护大千国土经》与护法神造像的关系，也需要进一步考辨。

一、《佛说守护大千国土经》考辨

宝顶山及其结界区的护法神像无论是造像组合、造像风格，都与常见的护法神像相差较远。造像者声称其依据为《佛说守护大千国土

---

① 大正新修大藏经：第10册[M]. 东京：大正一切经刊行会，1934：330.

② 大正新修大藏经：第10册[M]. 东京：大正一切经刊行会，1934：330.

经》,如菩萨堡龛左侧壁就刻有经目"守护大千国土经"。

《佛说守护大千国土经》是北宋时期才传入汉代的佛经,其译者为北印度僧人施护。经中讲:"佛住鹫峰山南,时毗耶离城灾难竞起。乃以神力,集一切天龙等众,先四天王各说一咒。次佛说一切明神咒,诸恶鬼神同来归命。四天王复各说谪罚鬼神咒,大梵王亦说一谪罚鬼神咒,佛乃下至毗耶离城,为大梵王现大明王身,说大明王陀罗尼,复说大明王心陀罗尼,及说密印,于是城中免离灾难。飞鸟出声赞佛功德,佛更说结界持咒之法,大梵王又说护诸童子之法。"①

太平兴国五年(980年),施护随兄长天息灾携带梵本来到中国,在皇家译场译经直至天禧元年(1017年)病故。柳本尊于907年坐灭,此经尚未进入中国,因此赵智凤纳入《佛说守护大千国土经》并非追随柳本尊的教义,而是出于个人意愿。南宋嘉熙年间(1237—1240年)席存著"赵智凤事实"铭文记赵智凤于绍兴庚辰年(1160年)出生,"五岁入山,持念经咒,十有六年,西往弥年,复回山修建本尊殿,传授柳本尊法旨,遂名其山曰宝鼎"②。据此记载,赵智凤五岁至十六岁之间的十一年都在"持念经咒"。《佛说守护大千国土经》或许正是在这一时期进入他的知识体系的。但是,比较施护译本和大足石窟刻经文本,笔者发现二者差异很大,甚至可以说二者并无关系。下文将分析赵智凤刻经的内容,进而讨论宝顶密宗道场护法神像的性质与功能。

二、护法神像性质与功能

(一)刻经内容分析

各处刻经篇幅长短不同,文字稍有出入,但是其核心意思并无二致。刻经篇幅最长的是佛祖岩,经文前有经名《大藏佛说守护大千国

---

① 蕅益大师.阅藏知津[M]//续修四库全书:第1290册.上海:上海古籍出版社,2013.

② 重庆大足石刻艺术博物馆,重庆市社会科学院大足石刻艺术研究所.大足石刻铭文录[M].重庆:重庆出版社,1999.

土经》，漫漶致经文不完整，多有缺失：

> "金罡宝山一寸地、一树丛林、一钱物、一禽兽，一应用等，名立华□□□□□□□□□□四千会，每会转大藏经一遍，戒定永充宝山香灯□□□□□□□□□□□心逆九十六种天魔外道、鬼怪精灵，妄起贪（左香右盖）谋妒盗心，□□□□□□□□□□□正信，遵依经戒，同护持者，现受吉祥富贵长寿果，若□□□□□□□□□□□□□立受不祥贫穷短命报，生遭王法，死入阿鼻，百劫□□□□□□□□□天龙八部、梵释四王、苏罗药叉、护法护道天神、地神、雷神、八大、六通□□□□□□□□日夜巡察，守护施行。伏请十方三世九十九亿恒河洹沙一切诸佛菩萨□□□□。"①

可供参考的经文刻于安岳石羊毗卢洞，虽然篇幅较之更短，但是内容完整：

> "正是金罡宝山一树丛林、一钱物、一寸地、一物命，立华严大斋，八万严大八万四千会戒定，仰三界诸佛护法护道，天神、地神、山神、树神等一心守护，不许十恶九逆、九十六种外道、鬼怪、精灵妄起贪爱，谋妒盗心，或放牛羊侵犯一毫一叶，付天龙八部、六通圣者、八大将军施行，遭王法众苦恶难，死入阿鼻，万劫千生不得忏悔。"②

赵智凤杜撰的《佛说守护大千国土经》，其守护对象是"金罡宝山一树丛林、一钱物、一寸地、一物命"。对赵智凤而言，"金罡宝山"就是宝顶山，"一树丛林、一钱物、一寸地、一物命"不是抽象的万物众生，而是具体的土地财产，因此经文中严禁的外道恶行不是信仰上的问题，而是"妄起贪爱，谋妒盗心，或放牛羊侵犯一毫一叶"。可见营建道场

---

① 陈明光. 大藏佛说守护大千国土[J]. 经藏外佛教文献, 1998 (1): 289-290.

② 王玉冬. 半身形像与社会变迁[M]//中山大学艺术史研究中心. 艺术史研究：第6辑. 广州：中山大学出版社, 2004: 5-70.

之时,赵智凤在道场入口、道场结界处使用此经,他想守护的并不是"大千国土",只是借《佛说守护大千国土经》之名,创作了宝顶版本的守护经。

题记中可见的护法神包括天龙八部、梵释四王、阿修罗、药叉、天神、地神、雷神、山神、树神、六通圣者、八大将军。

天龙八部、梵释四王、阿修罗、夜叉都是佛经中常见的护法神。六通圣者指得到天眼通、天耳通、他心通、宿命通、神足通、漏尽通的三乘圣者,通常指罗汉。八大将军可能指毗沙门天王手下的夜叉八大将,即宝贤夜叉、满贤夜叉、散支夜叉、众德夜叉、应念夜叉、大满夜叉、无比夜叉、密严夜叉①。

值得注意的是,刻经中提及的护法神中包括相当数量的自然神,天神、地神、雷神、山神、树神均属于此类。

(二)自然神与道场护法

刻经中出现自然神名并非偶然现象。宝顶道场护法神像大部分都没有题记表明尊号,但是有两处结界像有题记表明护法身份:一是仁功山转法轮塔,塔座上有托座力士,题名"山神众";另一处在菩萨堡,两尊神像题名"山神众""树神众",而且两神像的头发分别刻画为山岩、树枝的样式,强化了山神、树神的身份(图5.15)。

图5.15　菩萨堡结界护法神像

---

① 丁福保.佛学大辞典[M].台北:财团法人佛陀教育基金会,2002:1264.

　　此外，结界护法神像中还包含风神、雨神、雷神、电神。距大佛湾东面两千米的山头上有一摩崖结界造像"三元洞"，在《总录》的编写时代（20世纪80年代）已基本风化剥蚀。依据《总录》①，造像分上下两层，上层为三尊半身像，主像为毗卢佛，左右各立一金刚护法，下层为"雷音图"，共有六像，左侧两尊和最右一尊分别为双手抱风袋的风伯，胯下骑龙、一手持钵、一手指天的雨师，妇人形象、手持电光镜的电母，电母上方有题记"□□电母"，中间三像漫漶。"雷音图"内容和神像造型与宝顶大佛湾第16号雷音龛几乎一致。

　　除去"雷音图"各神这样身份明确的自然神，不少护法神也在图像上体现出自然神的特征。比如：大佛湾九护法神像中的第八尊像，左手捧葫芦，右手高举芭蕉扇，俨然一副兴风造云的风神形象（图5.6）；小佛湾第4窟金刚神两侧胁侍的持物包括葫芦、水桶、大树叶，都是兴风起雨的法器（图5.16）。此外九护法神像中还有多尊包含鸟、蛇等动物，符合山神之类自然神的身份。

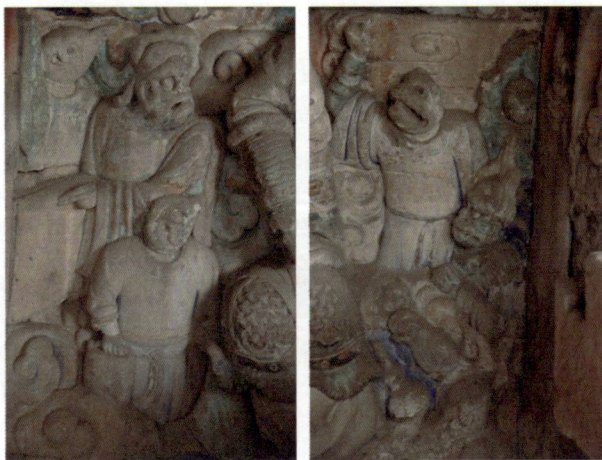

图5.16　小佛湾第4窟胁侍

①　四川省社会科学院，大足县政协，大足县文物管理所，等. 大足石刻内容总录[M]. 成都：四川省社会科学院出版社，1985：257-258.

为什么宝顶道场护法神中会融入如此多自然神的因素？

甄别赵智凤造像的一个重要标准是偈语。在每个造像点都刻有八字偈语"国泰民安""风调雨顺"。此八字偈语是农业社会政府与人民的共同愿望，将宣教与国民大业相结合，这显然是赵智凤的传教策略。这一策略表现在造像内容上，兼具自然神身份的护法神将就成了最佳载体。

这个选择同时还能满足赵智凤守护宝顶山的愿望，因为能为他保护一树丛、一寸地的神祇不是高高在上的佛、菩萨，而是潜伏在树丛、土地、山岩之中的树神、地神、山神。

第三节　造像风格与样式来源

这一批密宗道场护法神像的可识别性很强，和柳本尊、赵智凤的肖像一样，成为赵智凤造像的标志之一，划定了赵智凤道场的范围。为达到这一目的，道场护法神像在图像设计上表现出很强的独特性，使之与其他护法神像（包括宝顶大佛湾在内的其他护法神像）区别开来。

一、造像风格

首先，护法神像配置"本尊"。配置的形式有两种：一种形式如小佛湾第4窟，窟壁分为上下两层，下方为护法神，上方为本尊毗卢舍那佛，本尊比护法神像尺寸略小；另一种形式是护法神头顶或头侧有祥云，本尊或坐或立祥云上，本尊尺寸大大小于护法神，类似于化佛。如大佛湾九护法神将，居中的护法神将头顶有一尊小佛，飞天簇拥左右，其他八位护法神将本尊均为神将，其中外侧两尊神将为三头六臂像。

　　其次，道场护法神像选择了人鬼结合的形象。和大佛湾第11龛、第14窟的四天王相比，密宗道场护法神像脸部更长，深目高鼻，眉头紧蹙，下颌宽大，大嘴，满脸横肉，须发上扬。在冠饰方面，多装饰骷髅头或戴笠，常常赤脚。这一形象和大佛湾儒将形象的天王形成了鲜明对比。相比之下，与之风格更接近的是外道（图5.17）、地狱鬼卒（图5.18）。护法神的胁侍也多有兽首人身的形象。

图5.17　宝顶大佛湾第17龛六师外道　　图5.18　宝顶大佛湾第20龛鬼卒

二、样式来源

　　道场护法神像的形象杂糅了多种来源。除上文述及"心中现佛"样式来自罗汉造像之外，密宗造像、十王图、神王等多种造像也是道场护法神像形象的来源。

（一）密宗造像

　　密宗造像，尤其是明王造像是道场护法神像独特形象的主要样式来源。

　　配置"本尊"的样式显然借鉴自密宗，意在借助本尊抬高护法神的身份。但是，从图像上判断，这种借鉴只是形式上的，并无内在逻辑。本尊应该为尊格更高的神祇，比如药师佛经变中的十二药叉大将的本尊即为大势至、阿弥陀、观音等菩萨，但是九护法神将的本尊大部分都是上身赤裸、下身着裙的神将，就其形象而言，仅能归入护法神一类，并不比道场护法神的神格更高。

道场护法神像在持物和装饰方面则借鉴了明王造像。大佛湾、小佛湾各有一铺明王造像,虽然大佛湾为十大明王、小佛湾为八大明王,但是两铺造像相似度极高。大佛湾九护法神将举扇、抓蛇的形象在两铺明王造像中均可找到对应的形象。

骷髅头是明王的典型装饰,表示消除一切恶障,比如云南大理石钟山石窟的八大明王像中就有多尊明王身挂骷髅,这一点在其他种类的佛像中是极少见的。多尊道场护法神头顶发带装饰骷髅头,这点也应来自明王造像的影响。但奇怪的是,宝顶两铺明王造像却没有这一标志性图像特征。溯其原因,这一变化体现出道场设计者"内外有别"的原则。道场护法神的任务是抵御各种恶魔外道,其作用机制为以恶治恶,借用明王的装饰能够增强其威慑力。而明王的任务是教化信徒,去掉骷髅装饰之后虽然威严不减,却少了几分恐怖,能够拉近与信徒的距离。

(二)十王图

出于和借用明王造像同样的目的,十王图也被大量借用。如龙头山第2龛,护法神左右均为惩罚图像,左侧一人衣领被抓起,右侧一人头戴枷锁(图5.19)。小佛湾毗卢庵左右外壁卜方的护法神像中,各类惩罚恶鬼的造像也与十王图相似(图5.20)。

图5.19　龙头山第2龛胁侍　　　　图5.20　小佛湾毗卢庵外壁护法
神像

（三）神王和自然神造像

菩萨堡的山神、树神头发变换为山岩、树枝，这样的样式并非当地传统。

山神信仰在宋代的四川非常普遍，除了五岳等影响力遍及全国的山神，还有不少流行于某一区域的山神，仅《宋会要》中记载朝廷赐封的四川地方山神就多达41尊[①]。作为保佑一方的神灵，宝顶山石窟开凿以前，山神、土地等自然神已经包含在四川本地的造像传统中。比如北宋严逊主持的石篆山造像中就包含土地、山王各一龛。开凿于北宋绍圣二年（1095年）的石门山第13龛由上下两龛组成，上龛为山王夫妇端坐宝台上，山王头戴乌角巾，身穿翻领长袍，下龛为土地，造像已漫漶，大约为身着宽袖长袍的男子形象，左立一侍从（图5.21）。

图5.21　石门山山王、土地

图5.22　宝顶大佛湾"雷音图"风伯

从石门山造像看，大足本地的山神形象为文官样，与菩萨堡的山神形象相差甚远。和菩萨堡造像更为一致的样式是自北朝至唐代在中原地区流行的神王形象。诸神王中形象最清晰的是山神、树神和风神，山神、树神往往以山岩和树枝装饰，风神则是手抱风袋，和大足宝顶大佛湾"雷音图"中的风伯如出一辙（图5.22）。没有证据表明大足的山神、树神与中原的神王有直接的关系，但是风伯与风神造像的一

[①]　康文籍. 宋代四川地区民间信仰研究：以祠庙为中心[D]. 重庆：西南大学，2009.

致性暗示自然神形象的创造在不同的地域、时代会采用相似的规则与逻辑。运用这一规则，宝顶的造像者抛弃既有的山神形象，创造出和神王造像相似的自然神，担任道场护法神。

第四节　本章小结

本章讨论了南宋时期大足、安岳护法神像中特殊的一类造像——宝顶山密宗道场护法神像。

密教道场护法神像可分为三类：一是位于道场入口处的护法神像；二是位于四周结界处的护法神像；三是位于道场内院的小佛湾护法神像。

在造像内容考察、图像特征分析的基础上，本章讨论了道场护法神像的造像依据及其性质。造像者提供的依据《佛说守护大千国土经》实际为伪经，是借《佛说守护大千国土经》之名，创作的宝顶道场守护经。经文中出现了大量自然神的名号，与之相呼应，造像中有山神、树神、风神、雨神、雷神、电神，还有一些护法神借助持物、胁侍增添了自然神特性。其目的一是借助自然神保护宝顶山，二是针对农业社会政府与人民的需求造神，配合"国泰民安""风调雨顺"的传教口号。

本章最后讨论了道场护法神像的风格与样式来源。道场护法神像的图像特征主要包括配置"本尊"和人鬼结合形象等。追溯其根源，应该受到了密宗造像（特别是明王造像）、十王图、神王和自然神造像的影响。

第六章　护法神像与四川宋代社会

第一节　大足、安岳宋代护法神像的地域特点

　　大足、安岳造像是中国宋代造像的代表,其数量和质量都冠绝一时。四川以外,尚有两个地区在两宋时期展开了频繁的造像活动,留下了相当数量的雕塑或壁画。一个地区是陕北,北宋时期,陕北是宋金交锋的前线,频繁的战事驱使人们在佛教中寻求安宁与希望,进而产生了大量佛教开窟活动,留下了一批高质量的造像。另一个地区是敦煌,虽然宋代造像活动已经不如前朝兴盛,且新开龛窟较少,但是新绘、补绘的作品亦不在少数。

本节将通过比较大足、安岳与陕北、敦煌同一时期的护法神像，总结其独有的特征。

一、陕北宋金护法神像

陕西自有佛教造像的悠久历史，尤其是在唐代，以长安为中心的关中地区持续不断的皇家造像活动是中国佛教造像史上辉煌的一幕。相比之下，陕北地区的造像活动规模略小，主要是民间造像，以中小型石窟为主，但是持续时间也很长，不少石窟都有长时段内多次造像的记录，比如安塞建华寺（又名界华寺、剑匣寺）最早的造像可上溯至北朝，与北朝造像同处一窟的宋代造像也为数不少。

南宋建炎二年（1128年），金军攻陷延安，宋军南撤。但陕北的开窟造像活动并未停止，比如富县石泓寺、延安清凉山万佛洞均有规模较大的造像活动。

经过实地考察，并参考李淞《陕西古代佛教美术》一书，笔者在9个石窟中发现了天王、力士像，详情见表6.1。

表6.1　陕北石窟宋金护法神像统计

石窟	编号	护法神像内容	年代	护法神像位置
黄龙圣寿寺石窟		二天王	北宋咸平三年（1000年）	佛坛坛基下两侧
安塞樊庄石窟	2	二天王	北宋元祐八年至政和三年（1093—1113年）	窟门两侧
安塞真武洞石窟	大佛窟	二天王	金泰和七年（1207年）	主尊两侧
延安清凉山万佛洞石窟	2	二天王	北宋元丰元年（1078年）前后	前壁门两侧

续表

石窟	编号	护法神像内容	年代	护法神像位置
安塞招安石窟	3	二天王	北宋元祐九年至崇宁元年（1094—1102年）	窟门外两侧
志丹城台石窟		四天王	北宋大观戊子（1108年）	后室门柱前及门两侧
志丹何家洼石窟		二天王二力士	北宋靖康元年（1126年）	窟门两侧
安塞石寺河石窟	3	二托座力士	北宋宣和四年（1122年）	佛坛东西坛角
黄陵千佛洞		二天王(听佛说法)/二金刚力士(涅槃)	北宋绍圣元年至政和三年（1094—1113年）	甬道右壁/后壁

安塞真武洞石窟主尊大佛为北朝作品,二天王为金代增刻,其余天王、力士像均为宋代作品。从表6.2可看出,陕北石窟中的护法神像以仪卫性质的天王像为主,主要位于窟门两侧,组合多为二天王形式,仅志丹城台石窟为四天王。在窟门处设立二天王是陕北唐代石窟中常见的做法,比如富县石泓寺第2、3、4窟门口均立有二天王,宋金石窟中的二天王与之并无二致。

值得注意的是,这一时期的天王像呈现出明显的写实倾向。比如安塞樊庄石窟第2窟门口的天王(图6.1),头戴兜鍪(现已毁),肩部披巾,身穿铠甲,右手叉腰,左手持兵器,左侧天王握斧,右手天王持剑。除袖口和战裙扬起以显示天王威仪外,天王像没有飘带、头光等装饰元素,腰部略微挺出,并无夸张的扭曲。天王像虽然缺少“神”的特征,但是造像尺寸却显示出其地位的重要。天王身高1.72米,与真人尺寸相仿,相较窟内佛、菩萨、罗汉像,尺寸更大。

图 6.1　安塞樊庄石窟第 2 窟二天王

联想到与开窟活动同期的宋金战事，天王像呈现这样的风格并非偶然。对造像主而言，守卫国土的宋军将士与守卫佛国的天王并无本质区别，而驻守此地的宋军将士为工匠提供了天王像的模板，因此这些天王像成为"抗击西夏的宋军将士的真实写照"[①]。

二、敦煌宋、西夏护法神像

北宋初建之时，敦煌地区（沙州）为曹氏归义军政权统治（914—1036 年），归义军时期使用年号基本与宋中央政权一致。宋景祐三年（1036 年），归义军政权被西夏打败，之后沙州回鹘一度夺回该地区，与西夏对峙，乾道元年（1068 年），西夏再度攻克沙州，敦煌地区进入完全的西夏统治时期。南宋宝庆三年（1227 年），蒙古国攻占敦煌，同年西夏灭亡。

这一时期敦煌造像以重修、重绘前代龛窟为主，如宋代莫高窟新建窟仅 16 个，重修 16 个[②]，莫高窟"现存四十多个西夏洞窟大部分是对

---

① 李淞. 陕西古代佛教美术［M］. 西安：陕西人民教育出版社，2000：181.

② 王惠民. 敦煌曹氏归义军时期洞窟的营建［EB/OL］.（2015-04-21）［2023-05-24］. http://public.dha.ac.cn/Content.aspx？id=960277272258&Page=9&types=1.

前代洞窟的改建、补修"①。据不完全统计②,在新建和修补窟中至少有近50个窟中包含护法神像(表6.2)。

表6.2　敦煌石窟中的宋、西夏窟护法神像统计

类型	位置/结构	处/组	铺	窟号
二天王	窟门两侧	12	24(现存20)	莫高窟第9、14、25、166、171、175、198、201、220、364窟和榆林窟第21、25窟
	甬道两壁	3	6	莫高窟第174窟、榆林窟第17、25窟
	正壁龛外两侧	1	2	莫高窟第178窟
	龛内塑像	1	2	莫高窟第368窟
四天王	西壁龛外南北侧	1	2	莫高窟第452窟
	窟顶四角	4	16	莫高窟第55、152、454窟和文殊山石窟万佛洞
毗沙门天王	门上/毗沙门天王赴哪吒会	2	2	莫高窟第9窟、榆林窟第25窟
	门(上)两侧/毗沙门天王赴哪吒会	8	16	莫高窟第122、169、172、202、203、302、431、454窟

---

① 敦煌研究院. 敦煌石窟内容总录 [G]. 北京:文物出版社,1996: 270.

② 此统计主要依据《敦煌石窟内容总录》,并结合其他专题研究成果补充。纳入统计的护法神像为《敦煌石窟内容总录》记载"宋(西夏)塑""宋(西夏)画"者。需要说明的是,四天王等经常以随侍身份出现在敦煌经变相中,如榆林窟第3窟文殊变、普贤变中即包含梵释四天王和五龙王。但是《敦煌石窟内容总录》以铺为记录单位,因此未记载作为随侍的护法神。虽然专题研究可补充部分内容,遗漏部分仍然不容忽视。

续表

类型	位置/结构	处/组	铺	窟号
毗沙门天王	毗沙门天王与八大夜叉曼陀罗	1	1	安西东千佛洞第5窟
二力士	主室佛坛上塑像	1	2	莫高窟第55窟
	主室西壁龛两侧力士台上塑像	1	2	莫高窟第203窟
	前室木构窟檐柱两侧	1	2(现存1)	莫高窟第431窟
十二药叉大将	药师经变中	12	12	莫高窟第7、55、76、88、118、164、264、400、418、452、454窟和肃北五个庙第3窟
共计		48	84(现存)	

　　从上表可知，敦煌石窟中北宋、西夏时期的护法神像包括天王、力士、十二药叉大将等类型。除十二药叉大将之外，表中统计的护法神像均以单铺形式出现，因此被《敦煌石窟内容总录》纳入记载。

　　就题材而言，这一时期的护法神像并无创新，基本继承了唐、五代造像的已有题材。究其原因，表中记载的84铺护法神像中，绝大部分为宋代作品。在敦煌，五代和宋，敦煌地区基本属于曹氏归义军政权统治，因此宋代造像与五代造像具有延续性，难以划分为两个阶段，下文论及的造像特点往往在五代造像中已有表现。

　　比较各类护法神像的数目，天王像最多，类型也最为丰富。其中数量最多的是仪卫性质的二天王，共计17组。二天王最常出现的位

置是窟门两侧和甬道两壁,体量较大,其中莫高窟第171窟还在前室
左右两壁为二天王配置了规模相当的眷属。由于石窟轴线为东西向,
因此二天王的具体身份为北方毗沙门天王和南方毗琉璃天王,门北天
王手托宝塔,证明其身份为毗沙门天王无疑。二天王组合最早可见于
云冈石窟,如开凿于北魏太和年间的第9窟门楣两边各有一身着铠
甲、挂长戟、托金刚杵的天王。在敦煌地区,现存造像中最早的天王像
形式为天王/弟子像组合,西魏第286窟为"现存最早有明确年代且相
互呈平行关系的四天王像"[1]。莫高窟中最早的二天王组合出现在开
凿于北周或隋的第298窟,其东壁门南北两侧各有一天王像。此后,
从隋至唐(包括吐蕃时期)、五代、宋,塑像和壁画中的二天王组合成为
敦煌天王像的主要呈现方式[2]。此类仪卫性质的二天王像是外来的佛
教四天王与中国门神系统结合的产物[3]。

　　五代以前的四天王像多平行分布于龛窟门或主尊两侧,表6.2中
的5组四天王组合中,其中4组均位于窟顶四角,这是五代出现的新样
式。以莫高窟第55窟为例,根据供养人题名"窟主敕推诚奉国保塞功
臣归义军(残)",此窟为曹元忠接受宋廷封号之后开凿的功德窟。与
其他曹氏功德窟一样,此窟规模较大,平面基本呈方形,中间设佛坛,
塑弥勒三会,有背屏与窟顶相连,窟顶为覆斗形,窟顶与四壁转角相交
的部分略向内凹,形成四个扇形弧面,四天王身着铠甲,手持法器,游
戏坐于其中,前方设置供桌,两旁配有眷属,并有题记表明天王身份。
依据题记,莫高窟3窟的四天王位置均为:东北角画东方提头赖吒天

①　李凇.略论中国早期天王图像及其西方来源[M]//长安艺术与宗教文明.北京:中华书
　　局,2002:117-118.

②　臺信祐尔.煌莫高窟窟别四天王图像一览[M]//东京国立博物馆纪要27:敦煌の四天
　　王图像.东京:东京国立博物馆,1991:79-86.

③　李凇.略论中国早期天王图像及其西方来源[M]//长安艺术与宗教文明.北京:中华书
　　局,2002:127-128.

王、东南角画南方毗琉璃天王、西南角画西方毗楼博叉天王、西北角画
北方毗沙门天王。宿白先生认为，设于四隅的四天王是敦煌五代宋初
新出现的密宗图像之一①。曼荼罗是密宗仪轨的重要形式，流行于这
一时期的中心佛坛窟在结构上与曼荼罗相似，四天王是仪轨中常见的
四门守卫，他们在窟中的位置正好与之相符。

　　除天王组合之外，毗沙门天王是天王像中数量最多的类型，尤其
以毗沙门天王赴哪吒会为主。受到于阗的影响，早至北魏时期，毗沙
门天王信仰就已经在敦煌地区流行②。毗沙门天王赴哪吒会图是这一
地区特有的题材，其图像最早出现在晚唐窟中，五代和宋代窟中绘制
最多，仅宋代作品就有10组18铺，位置都在窟门上方或窟门上方两
侧。据郭俊叶考证，毗沙门天王赴哪吒会图流行的原因与西方净土信
仰有关，"毗沙门天王赴哪吒会云塔内有阿弥陀佛，则拜塔即拜佛，可
得西方净土功德，毗沙门天王赴哪吒会图绝大多数绘在窟门上或门两
侧的显著位置，一则方便礼拜，二则也有'接引'之意，因为入窟相当入
塔，入塔得见阿弥陀佛、往生西方净土，那么入窟也有进入极乐世界的
象征意义"③。

　　整体而言，敦煌的护法神像题材相对集中，与前代的延续性较强。

三、大足、安岳宋代护法神像的地域特点

　　和陕北、敦煌同时期的造像相比，大足、安岳的护法神像体现出以
下特征。

① 　宿白. 中国石窟寺研究[M]. 北京：文物出版社，1996：293.

② 　张永安. 敦煌毗沙门天王图像及其信仰概述[J]. 兰州大学学报（社会科学版），2007，
35(6)：58-62.

③ 　郭俊叶. 托塔天王与哪吒：兼谈敦煌毗沙门天王赴哪吒会图[J]. 敦煌研究，2008(3)：
32-40.

（一）题材丰富并有创新

题材最为单一的是陕北地区的石窟，仅天王、力士像两类，主要为仪卫性质的二天王、四天王。敦煌的护法神像题材相对丰富，包括天王、力士、十二药叉大将等类型，虽个别题材在形式上有所创新，但是题材本身的创新较少，都是唐、五代已出现的护法神像。

相比之下，大足、安岳地区的护法神像不仅题材丰富，而且相当一部分题材在本地区是首次出现（表6.3）。

表6.3　大足、安岳护法神像分类统计表

类型	组合/样式	数目	龛窟
天王	四天王	15	大足北山佛湾133，宝顶大佛湾10、11、14、17、21，宝顶小佛湾3、9，石门山6，仁功山转法轮塔，石篆山佛会常住塔，玉滩2；安岳毗卢洞8，安岳华严洞，安岳孔雀洞1
	二天王	9	大足宝顶大佛湾14、21，石篆山11，普圣庙1，玉滩2，陈家岩2；安岳毗卢洞8，安岳高升大佛岩1，安岳孔雀洞1
	一天王	3	大足玉滩4，峰山寺10，石壁寺圆雕（毗沙门天王）
力士	金刚力士	7	大足北山佛湾130、136，北山多宝塔64、146、148，石篆山7、9
	托座力士	8	大足多宝塔第一层，宝顶大佛湾8、12、14，仁功山转法轮塔，石篆山7；安岳毗卢洞8，安岳茗山寺1
十二药叉大将		4	大足北山佛湾107、110、147，石门山1
密宗护法神将	一护法神将	3	大足宝顶小佛湾4，宝顶龙头山2；安岳茗山寺12
	二护法神将	2	大足宝顶小佛湾3，宝顶龙头山1

续表

类型	组合/样式	数目	龛窟
密宗护法神将	四护法神将	1	大足宝顶圣寿寺灌顶井窟
	八护法神将	1	大足宝顶珠始山
	九护法神将	2	大足宝顶大佛湾2,安岳茗山寺12
	四护法神与八胁侍	1	宝顶小佛湾9
道教护法	北极四圣	3	大足南山第6龛,石门山10,舒成岩3
	二护法神将	1	大足石篆山8
	一护法神将	1	大足舒成岩1
	千里眼、顺风耳	1	大足石门山2
儒教护法	二护法神将	1	大足石篆山6

护法神像中,天王、力士、十二药叉大将在宋代以前的造像中已有一定数量的存在,新出现的护法神像有三种:一是密宗护法神像;二是道教护法神像;三是儒教护法神像。

这些新类型出现的原因有本地宗教特征的显现,如柳本尊密宗影响下的护法神将;或者是宗教发展时代潮流推动所产生的,比如道教、儒教护法神的出现与两宋三教合一的宗教思想不无关系。下文将详述之。

（二）数量多、位置突出、不乏大体量护法神像

陕北宋金石窟中配备护法神像者仅10窟左右,限于组合的类型多为二天王/力士,个别为四天王,护法神像的数量非常有限;敦煌的护法神像数量较多,但是限于龛窟的尺寸和护法神将的胁侍地位,其尺寸通常不会超过真人高度。

大足、安岳的宋代造像中,50多个龛窟中有护法神像,而且以护法神将为主尊的龛窟不在少数,表6.3统计的神像各类型中,一天王像(3

龛/尊)、密宗护法神将中的一护法神将(3龛)和九护法神将(2龛)都是龛窟主尊。陕北、敦煌的护法神将均以胁侍的角色出现,没有护法神将担任龛窟主尊的情况出现。这一区别与三地的龛窟形制有关,大足、安岳地区此类造像大多出现在规模较小的龛中,多个龛窟组成石窟群,体现出信仰的多样性和个性需求,但是陕北、敦煌的造像大多集中在以佛为中心的窟中,佛以下的各类神祇只能居于胁侍地位。

就体量而言,除塔上造像和十二药叉大将之外,大部分护法神像与真人大小相仿,或大于真人。

体量最大者如安岳高升大佛岩两侧的天王像高达3.2米。宝顶大佛湾有一部分半身护法神像,身高也达2米左右,如第11龛涅槃龛中,抬供桌的四天王高度为2.2米,第14窟毗卢道场窟门两侧的四天王高度为1.8米左右。

大足、安岳护法神像的体量大固然与龛窟规模有关,但是护法神将比主尊体量更大的情况亦不在少数。如石门山第6窟西方三圣与十观音窟,窟内左右壁站立的观音高1.75米,而窟门外的四天王高达1.85米。石门山第2龛由内外两层组成,内龛高0.82米,龛内主尊为玉皇大帝(坐像),高0.7米,护法神将千里眼、顺风耳位于外龛,高达1.82米,是主尊高度的两倍多,形成护法神将整个内龛扛在肩上的视觉效果。

(三)密宗道场护法神像数量可观、体量超常

上文已论及南宋赵智凤营建以大、小佛湾为中心的宝顶山密宗道场,在10龛中雕凿有风格独特的密宗道场护法神像。通常龛窟中的护法数目以二、四居多,比如二天王、四天王,但是此类护法神像却出现了八尊、九尊、十二尊的组合类型,10龛护法神像总数多达49尊。此外,护法神将往往有胁侍若干,如宝顶大佛湾第2龛除9位护法神将外,还包括胁侍17尊、本尊11尊。如此配置的结果是护法神将威仪大

增,震慑各路鬼怪宵小。

护法神将的体量和位置增强了这一效果。同样以大佛湾第2龛为例,护法神将高达2.3米,且位于两层图像结构的上层,观看者需要仰视才能看到神将,无形中增添了神将的威仪。大、小佛湾四周的结界像在这一点上更为明显,如宝顶龙头山第2龛位于通往宝顶的古道旁的孤山山头,龛高超过4米,朝拜的信徒远远就能看到屹立山头、脚踩火轮、腾云驾雾的护法神将。

(四)造像风格上体现出北方风格和南方风格的碰撞

关于印度波罗王朝对四川唐宋艺术的直接影响,学者对蒲江飞仙阁造像的研究中曾经探讨过。[1]大足、安岳的护法神像虽然不能和印度造像建立直接的联系,但是其中的独特性的确能够和北方(如敦煌)、南方(如云南)两个方向的造像艺术建立联系,这一点表现最明显的是多头多臂天王像。

通常认为,多头多臂天王像是受到明王造像的影响,但是大足的四天王像出现了多头多臂像与单头双臂像组合的样式,并在其影响下产生了类似样式的道教北极四圣。大足四天王的新样式与云南剑川石窟中在龛两侧分立毗沙门天王、大黑天的组合十分相似。

第二节　地域特点的形成与两宋时期的大足、安岳

上述造像特征的形成是一系列宏观因素与微观因素共同作用的结果。宏观因素包括宋代四川的经济政治状况、四川在文化艺术传播路线上的位置、宗教的时代特色和地域特色等,微观因素包括造像主

---

① 何恩之.四川蒲江佛教雕刻:盛唐时中国西南与印度直接联系的反映[J].李淞,译.敦煌研究,1998(4):47-55.

和工匠等，以下将分述之。

一、宋代四川的经济政治状况为造像创造条件

人们通常会在遭遇物质和精神危机的时候转向宗教寻求帮助，因此经济落后、时局动荡、民不聊生之时往往是宗教发展的契机。然而，造像活动的发展并非遵循同样的规则。念佛打坐无须成本，但是在崖壁上开窟造像却需要聘请专业工匠耗时完成，工程规模浩大者，非一代之内能够完成，因此，造像，尤其是大规模造像的繁荣与持续必须依赖雄厚的经济基础，并有稳定的政治时局为保障。宋代四川，尤其是大足、安岳地区，正好满足了以上条件。

（一）经济基础

四川盆地自然条件优渥，三国时诸葛亮评价"益州险塞，沃野千里，天府之土，高祖因之以成帝业"[①]。及至两宋，四川虽地处偏远，但已经和江南并举成为宋朝经济实力最强的地区。[②]宋人形容"惟剑南西川，原野演沃，氓庶丰伙，金缯纴絮，天洒地发，装馈日报，舟浮辇走，以给中府，以赡诸塞，号居大农所调之半，县官倚之，固以为宝薮珍藏"[③]。北宋熙宁七年（1014年），全国商税总额为641万贯，其中四川上缴166万贯，占据四分之一还要多[④]。四川物产丰富，农业、手工业发达，尤其茶叶、布帛和井盐成为保障两宋经济的重要物资。由于商

---

① 陈寿.诸葛亮传［M］//三国志：卷三五（蜀书：第五）.北京：中华书局，1982：912.

② 南宋章如愚在《东南财赋》一文中评价四川与江南经济发达："长江、剑阁以南，民户虽止当诸夏中分，而财赋所入当三分之二。"（出处：《群书考索》续集卷四十六"财用门"，见影印文渊阁四库全书：第938册［M］.台北：台湾商务印书馆，1986：54.）

③ 文同.成都府运判厅宴思堂记［M］//新刻石室先生丹渊集：卷23.台北：学生书局，1973.

④ 张邦炜，贾大泉.宋代四川经济发展的不平衡性［J］.西南师范大学学报（人文社会科学版），1989，15（2）：96-103.

品经济的发达，四川甚至出现了最早的纸币"交子"。

川峡四路中，以成都为核心的益州路最发达，大足、安岳所属的梓州路紧随其后。南宋时，益州路的人口密度达到每平方千米100人以上，超过两浙，成为全国之首，两浙以下排名第三的就是梓州路，其人口占四川总人口的26%～34%。以税额计，四路中益州居首，"梓州路名列第二，在四川两税中所占比例与成都府路相差不大"①。梓、益二路一并成为"宋代人口最集中，经济最发达的地区"②。宋人评价梓州"弁冕三蜀，方率十八州，山川形胜，衣冠人物，贡赋织组，民庶繁伙，望成都不肯低一线气"③。相比成都平原，梓州路多丘陵，除农业外，纺织和盐业是梓州路的重要产业。

梓州路是成都之外的另一个丝织中心，布帛产地多于益州路，有"机织户数千家"，但绢、绸、绫等丝织品产量超过益州路，并设有绫绮场④。

井盐课利也是两宋四川财政收入的重要部分。南宋绍兴年间，井盐课利每年四百万缗，宁宗时每年三百万缗，是川陕抗金驻军的重要军费来源⑤。各路之中，井盐产量最高的正是梓州路⑥。

大足、安岳虽然不是梓州路府治所在，但也并非贫瘠之地，纺织、盐业均有发展，南宋王象之记昌州"虽无舟楫江沱之利而有桑麻粳稌

① 雷科.宋代四川商贸地理初探[D].广州：暨南大学，2007：6.

② 张邦炜，贾大泉.宋代四川经济发展的不平衡性[J].西南师范大学学报(人文社会科学版)，1989，15(2)：96-103.

③ 李新.潼川府修城记[M]//跨鳌集：卷十六.影印文渊阁四库全书：第1124册.台北：台湾商务印书馆，1986：24.

④ 贾大泉.宋代四川经济述论[M].成都：四川省社会科学院出版社，1985：67-68.

⑤ 贾大泉.井盐在宋代四川经济及政治中的地位和作用[J].盐业史研究，1986(1)：23-28.

⑥ 雷科.宋代四川商贸地理初探[D].广州：暨南大学，2007：18.

之饶"①,宣和太守张唐民也曾写诗赞誉昌州"州民富庶风光好"②。

　　(二)政治保障

　　和经济基础同样重要的是相对安定的政治时局。大足石刻分期中,唐、五代造像之后有一个中断时期,直至北宋元丰年间,造像活动才重新活跃起来,其原因就很可能是北宋初期的战乱。

　　乾德三年(965年),北宋平后蜀。王全斌等宋军将领治兵不严导致后蜀军队兵变。宋军进入成都后,"时盗四起,将士犹恃功骄恣,王全斌等不能禁……初,诏发蜀兵赴阙,并优给装钱。王全斌等擅减其数,仍纵部曲侵挠之,蜀兵愤怒思乱。两路随军使臣亡虑百数,全斌及王仁瞻、崔彦进等共护恤之,不令部送,但分委诸州牙校。蜀兵至绵州,果劫属县以叛。会文州刺史全师雄挈其族趋京师,过绵州,师雄尝为蜀将,有威惠,恐叛兵胁之,乃弃其家自匿。后数日,叛兵搜得之江曲民舍,遂推以为帅,众十余万号'兴国军'。全斌遣马军都监朱光绪将七百骑往招抚之,光绪尽灭师雄之族,纳其爱女及橐装。师雄怒不复有归志"③。全师雄率军攻克彭州、灌口、新繁、青城等地,直逼成都。西川十七州起兵响应,昌、普二州亦不例外。此次兵变直至乾德四年十二月才得以平息。战争的结果是破坏,宋廷派遣的刺史进入普州时,"州城悉被焚荡"④。

　　战乱稍息,淳化年间动荡又起。"淳化二年(991年),贼任诱等寇昌、合州。"⑤年内,任诱等即被剿灭。自此,大足地区进入相对稳定的

① 王象之.舆地纪胜:六[M].北京:中华书局,1992:4362.

② 王象之.舆地纪胜:六[M].北京:中华书局,1992:4376.

③ 李焘.续资治通鉴长编:卷六[M]//影印文渊阁四库全书:第314册.台北:台湾商务印书馆,1986:123-125.

④ 李焘.续资治通鉴长编:卷六[M]//影印文渊阁四库全书:第314册.台北:台湾商务印书馆,1986:123-125.

⑤ 脱脱.卢斌传[M]//宋史:卷三〇八(列传第六七).北京:中华书局,2014:10140.

发展阶段。大足境内最早的宋代造像题记为石篆山石窟的开窟年代元丰五年(1082年)，经过几十年的重建，生活恢复了正常秩序，经济重振，人们终于有条件重新开始被战火中断的造像活动。

昌州平寇之后，川内其他地区的动乱仍在继续。影响最大的是淳化四年(993年)成都附近的王小波、李顺起义。第二年，起义军攻入成都，李顺称王。宋廷派大军镇压，至道元年(995年)才彻底平乱。起义军进入成都是中国美术史上的一场灾难，"迫淳化甲午岁，盗发二川，焚劫略尽，则墙壁之绘，甚乎剥庐；家秘之宝，散如决水"①。

王小波、李顺起义之后，至道三年(997年)发生刘旰之变，咸平二年(999年)发生王均之变……直至熙宁五年(1072年)，还有将士谋乱②。

虽然大足、安岳已经进入重建阶段，但是外界的战事却不曾停息。即使在川内动乱平息之后，战争的阴影也久未消散。两宋期间，四川一直担任陕北抗金前线的大后方，为抗金宋军提供物资保障。四川虽然偏安一隅，未受到战争的直接破坏和冲击，但是战争的威胁却微妙地影响着人们的心理。特别是南宋以后，大量护法神像的出现及护法神像的"升级"(如北山佛湾第133龛水月观音龛的多头多臂四天王、第130龛的多头多臂金刚力士像)或许都是这种心理的表现。

二、南北丝绸之路交汇点的位置优势与造像特色

四川是南方丝绸之路的重要节点，早在西汉已经在民间贯通。张骞通西域归来后向汉武帝汇报："臣在大夏时，见邛竹杖、蜀布。问曰：

---

① 李畋《益州名画录》序(黄休复. 益州名画录[M]. 何韫若，林孔翼，注. 成都：四川人民出版社，1982：2.)

② "熙宁五年六月，成都府，利州路走马承受潘孝和言，屯驻雄，威兵，乐升，王庆，告神勇兵杨进等，谋夺县尉甲为乱……"见李焘. 续资治通鉴长编：卷234("熙宁五年六月癸酉"条)[M]. 北京：中华书局，1992：5687.

'安得此?'大夏国人曰:'吾贾人往事之身毒。'身毒在大夏东南可数千里。其俗土著,大与大夏同,而卑湿暑热云。其人民乘象以战,其国临大水焉。"①"身毒"为今日印度,西汉时期,那里已经出现了"邛竹杖、蜀布",从其名称可判断它们的来源在四川,或者由四川的商人贩卖至当地②。

至于和北方丝绸之路的联系,南朝时期,以四川为西域进出中原的通道已经成为一条相对成熟的路线,其时多有西域僧人取道四川,进而沿水路向东,前往建康。如《高僧传》记载罽宾国僧人昙摩蜜多"欲传法,以宋元嘉元年辗转至蜀,俄而出峡,止荆州,于长沙寺建造禅阁……沿流东下,至于京师"③。西行求法的中原僧人也常常取道四川,如释法献"宋元徽三年,发踵金陵,西游巴蜀,路出河南,道经芮芮。既到于阗,欲度葱岭,值栈道断绝,遂于于阗而反"④。"河南"即今青海一带,龙显昭考证这条路线是从成都出发,"出今都江堰市北,经汶川、茂汶至松潘黄龙这一线,就是当时的岷山道,过此即与河南道衔接而通达西域"⑤。

唐宋时期,北边进出四川的通道主要是金牛道和米仓道。唐玄宗入蜀取道前者,僖宗入蜀取道后者。姚崇新考证,广元、巴中唐代石窟造像艺术的主要源头都是两京地区,但是前者通过金牛道输入,后者通过米仓道输入,导致两地造像的题材既相似,又存在明显的差异。而河西商人在巴中石窟留下的题记及巴中和敦煌题材的重合表明,巴

---

① 司马迁.史记卷一百二十三·大宛列传第六十三[M].北京:中华书局,2014:3166.

② 饶宗颐先生认为"人只知为蜀贾所卖,故称之为蜀布"。见饶宗颐.蜀布与Chinapatta:论早期中、印、缅交通[G]//"中央研究院"史语所集刊编委会."中央研究院"历史语言研究所集刊:第45本第4分.广州:"中央研究院"历史语言研究所,1974:561-584.

③ 释慧皎.高僧传:卷三[M].汤用彤,校注,汤一玄,整理.北京:中华书局,1992:121.

④ 释慧皎.高僧传:卷三[M].汤用彤,校注,汤一玄,整理.北京:中华书局,1992:488.

⑤ 龙显昭.巴蜀佛教的传播、发展及其动因试析[J].西华大学学报(哲学社会科学版),2009,28(6):31-47.

中与敦煌之间的交通来往一直贯通。①姚崇新使用的主要证据是巴中存在大量的毗沙门天王像，而西北是毗沙门天王信仰和造像最流行的区域。毗沙门天王同时也是晚唐大足造像中非常重要的题材，仅北山佛湾就有两龛毗沙门天王像，以第5龛为例，此龛位于北山佛湾南端，龛高近3米，兜跋毗沙门天王身着戎装，面对佛湾入口，威严站立。大足晚唐、五代时期的密宗题材，如地藏、观音、药师等，均显示出与两京、敦煌造像的密切联系。相应地，敦煌藏经洞出土的"西川过家真印本"的抄本、成都大圣慈寺沙门藏川述《佛说十王经》也是四川和敦煌两地往来的证据。

整体而言，和广元、巴中等川北石窟相比，大足、安岳等地的石窟时代稍晚，风格题材与北方造像的差异性也更大，丁明夷先生认为"从川北到川中，我们可以看到四川石窟由较多受到中原北方影响，到逐渐形成具有鲜明时代和地方特点的川中石窟区的发展过程"②。这一发展是北方传来的宗教、造像资源与地方碰撞的结果，但是北方以外的其他外来资源也不可忽视。

西汉时期就已存在的南方丝绸之路在两宋时期不仅没有衰落，而且由于宋金战事的升级，地位更加重要。"熙宁六年（1073年），陕西诸蕃作梗，互相誓约不欲与中国贸易，自是蕃马绝迹而不来。"③

马是重要的战略物资，无法从北方获得战马，走投无路的宋廷只能转向养马的西南少数民族。中央政府将这个任务分配给了四川，嘉州（今乐山）人杨佐应政府招募，前往云南买马。杨佐住在"大云南驿，驿前有里堠，题东至戎州，西至身毒国，东南至交趾，东北至成都，北至

① 姚崇新.试论广元、巴中两地石窟造像的关系：兼论巴中与敦煌之间的古代交通[J].四川文物，2004(4)：63-70.

② 丁明夷.四川石窟杂识[J].文物，1988(8)：46-58.

③ 杨佐《云南买马记》，见李焘.续资治通鉴长编：卷六[M]//影印文渊阁四库全书：第314册.台北：台湾商务印书馆，1986：517.

大雪山,南至海上,悉着其道里之详,审询其里堠多有完葺者"①,说明此时云南到印度的交通并未中断。

10世纪阿拉伯人的著作中也留下了四川和印度交往的蛛丝马迹。亨利·裕尔《古代中国闻见录》卷一载10世纪阿拉伯人麦哈黑尔《游记》载中国的都城名为新达比尔(Sindabil)。亨利·裕尔认为"此名似阿拉伯人讹传之印度城名,如康达比尔(Kandabil)、山达伯尔(Sandabur)等。中国无如斯之城名也,其最近之音为成都府,《马可波罗游记》作新的府(Sindifu),乃四川省之首府,五代时,为蜀国之都城"②。段渝认为,二者的词源都是古印度梵语Cina,而Cina是成都的梵语译法,"由于最初经印度传播到阿拉伯人手中的丝绸是成都生产的丝绸,而成都是蜀之都城,所以都城生产的丝绸这一概念在阿拉伯人心目中留下了极为深刻的印象,以至到10世纪时还不但保留着成都(Sindabil)这一称呼,而且更用这个名称来指称阿拉伯人所认为的中国都城"③。

从四川经云南、缅甸到印度,即历史上著名的"蜀身毒道",其具体路线如下:成都—大理分东西两线。西线灵官道(即牦牛道)自成都西至邛崃南下,经名山—雅安—荥经—汉源—甘洛—越西—喜德—冕宁—西昌—德昌—米易—会理—攀枝花—云南永仁—大姚—大理;东线五尺道自成都沿岷江南下,经乐山—犍为—宜宾—五尺道—云南大关—贵州威宁—云南昭通—曲靖—昆明—楚雄—大理。两线在大理会合,然后向西经保山—腾冲—缅甸密支那(或从保山南下瑞丽进入

---

① 杨佐《云南买马记》,见李焘.续资治通鉴长编:卷六[M]//影印文渊阁四库全书:第314册.台北:台湾商务印书馆,1986:517.

② 张星烺.中西交通史料汇编:第2册[M].北京:中华书局,2003:781.参见莫东寅.汉学发达史[M].影印本.上海:上海书店,1989:15.

③ 段渝.中国西南早期对外交通:先秦两汉的南方丝绸之路[J].历史研究,2009(1):4-23.

缅甸八莫），到达印度东北阿萨姆至恒河平原，继续往西可经巴基斯坦、阿富汗、中亚，最后到达西亚①。大足、安岳不是"蜀身毒道"的沿途节点，但是就川内交通而言，位于成都平原外缘的安岳与成都之间、位于嘉陵江流域辐射区的大足与长江口岸宜宾之间的交流都没有大障碍。

三、宗教的时代、地域特征与造像发展

（一）宋代密宗的新发展与密宗造像的兴盛

善无畏、不空、金刚智在开元年间入唐，将当时印度流行的密宗佛教带入中国，并获得了皇室和上层士大夫的推崇，这是中国佛教密宗的第一个发展高潮。北宋太平兴国七年（982年），宋太宗为天竺僧人法天、天息灾、施护等设立译经院，成为密宗发展的又一个高潮。

四川密宗兴起的时间晚于北方。据文献记载，最早前往长安学法的僧人是成都惟上，师从不空的弟子惠果。日本真言宗创始人空海与惟上同门学法，记"剑南则惟上……钦风振锡，渴法负笈"②。惟上来自成都，但学成之后是否回川未可知。在四川留下最早传法记录的密宗僧人是洪照。据学者考证，洪照于太和七年（833年）入蜀，初住绵州大安寺，再转开元寺置上方转轮经藏，会昌灭佛后重建梓州东山观音院。③

对四川密宗发展起到巨大作用的是玄宗、僖宗入川，二宗与同来避祸的贵族士人将京城流行的密宗带到成都，相当数量的密宗寺院也在这些人的推动下建立起来，京城来的画家、雕塑家留下了题材丰富、

---

① 屈小玲. 中国西南与境外古道：南方丝绸之路及其研究述略［J］. 西北民族研究，2011
（1）：172-179.

② 出自空海《大唐神都青龙寺故三朝国师灌顶阿阇黎惠果和尚之碑》，见陈士强. 密宗史
的一则珍贵资料：关于空海和他的《惠果和尚之碑》［J］. 五台山研究，1994（1）：6-8.

③ 黄阳兴. 中晚唐时期四川地区的-密教信仰［J］. 宗教学研究，2008（1）：107-112.

艺术水平高超的密宗艺术作品,成为佛教艺术的楷模,影响极大。其中规模最大的大圣慈寺就是高力士提议、玄宗题额、赐地兴建的,会昌法难之时,幸有玄宗御书护寺,大圣慈寺逃过一劫。大圣慈寺的壁画绘制一直持续至宋,郭若虚《图画见闻志》、黄休复《益州名画录》、范成大《成都古寺名笔记》等史料均有记载。北宋李之纯《大圣慈寺画记》称"举天下之言唐画者,莫如成都之多;就成都较之,莫如大圣慈寺之盛……总九十六院,按阁、殿、塔、厅、堂、房、廊,无虑八千五百二十四间,画诸佛如来一千二百一十五,菩萨一万四百八十八,帝释、梵王六十八,罗汉、祖、僧一千七百八十五,天王、明王、大神将二百六十二,佛会、经验变相一百五十八堵"①,可见寺院规模之宏大与寺内绘画之丰富。范成大《成都古寺名笔记》记录了寺内绘画的内容,护法神像无处不在,类型包括四天王、十二神、天王部属、药叉大将、金刚力士、东西二方天王、南北二方天王、北方天王、天王变相等②,体现出护法神像在密宗造像中的重要性。

　　唐末,四川密宗出现了新的发展方向。"专持大轮五部咒"的嘉州居士柳本尊发展出以苦修自残为修行途径的密法,在广汉、成都、嘉州一带传播,并在汉州弥蒙设立道场,多现神异,受到蜀王封赏,被信众奉为"唐瑜伽部主总持王"③。柳本尊教以身施舍、多用咒法、宣扬灵异,这些做法都具有浓厚的密宗色彩,但与两京的"正宗"密宗并不能混为一谈,"地方性、民间性、自创性非常明显"④,可谓之"川密"。前蜀天复七年(907年),柳本尊坐化,但是柳本尊密宗的影响力在其教徒的

① 李之纯《大圣慈寺画记》。见程遇孙.成都文类:卷四十五[M]//影印文渊阁四库全书:第1354册.台北:台湾商务印书馆,1986:791-792.

② 范成大《成都古寺名笔记》。见周复俊.全蜀艺文志:卷四十二[M]//影印文渊阁四库全书:第1381册.台北:台湾商务印书馆,1986:570-573.

③ 关于柳本尊的史料很少,主要材料来自现存小佛湾的南宋祖觉撰《唐柳本尊传》碑和大足、安岳多处"柳本尊行化图"中的题记。

④ 黄阳兴.中晚唐时期四川地区的密教信仰[J].宗教学研究,2008(1):107-112.

推广下并未减弱，最终在南宋后期大足赵智凤营建的宝顶山道场达到高潮。

（二）宗教世俗化与造神运动

世俗化是中国宗教的总体发展趋势，两宋期间，这一趋势尤为明显。对于上层贵族，宗教意味着护卫皇权的工具；对于底层百姓，宗教意味着有求必应的神仙。在实际功利需求的驱使下，全社会从上到下掀起了持续不断的造神运动。

澶渊之盟后，为挽回颜面，宋真宗授意宰相王钦若导演的"天书封禅"就是其中的代表性事件。该事件轰轰烈烈持续了14年。据《宋史》记载，大中祥符元年（1008年）正月，"有黄帛曳左承天门南鸱尾上，守门卒涂荣告，有司以闻。上召群臣拜迎于朝元殿启封，号称天书"①。真宗视之为祥瑞，改元"大中祥符"，并告诉大臣，有神人托梦告知赐予天书一事。如此旷古大喜降临，众臣积极提议真宗前往泰山封禅。六月，天书再降。真宗宣称神人托梦，告知将在泰山赐予天书。十月，真宗登顶泰山，举行封禅大典。大中祥符二年，真宗决定修建玉清昭应宫，以供奉天书，工程历时7年，规模宏大。大中祥符五年，真宗再次宣称神人托梦，神人表明其身份为赵氏祖先赵玄朗，自称为九位人皇之一，曾转世为轩辕黄帝。这意味着赵氏与轩辕黄帝同祖，无疑值得大庆。在真宗的推动下，圣祖被尊为"圣祖上灵高道九天司命保生天尊大帝"，进入道教神系，成为仅次于"三清"的"六御"之一。

如此造神是宋代皇室熟悉的手段，宋皇室南迁之后对北极四圣的崇奉运用也是类似的把戏。曾经作为金朝人质的高宗（康王）如何巩固皇权、标明正统？高宗的母亲显仁皇太后编造了北极四圣化身"金甲身"护卫康王的故事，将康王等同于北极紫微大帝。四圣的地位也由此得以提升。

---

① 脱脱.宋史卷七·本纪第七［M］：北京：中华书局，2014：135.

民间对待宗教的态度也如上层一样功利,而且更为随意。最为突出的是三教合流的潮流与水陆道场的营建。在官方层面,唐宋时期的佛、道之争时有兴起,持续到元初。与文献中的冲突相对应的是民间造像中佛、道一堂的包容。从现存考古材料看,有"尚淫祀"①风俗的四川是三教造像相对集中的地域。如北宋严逊开凿的石篆山水陆道场就像一座宋代的"万神殿",佛、道、儒各路神仙汇集一堂,满足了造像主长寿、多子、子孙聪明等多种诉求。

"川密"的内容也与不空等宣扬的胎藏界、金刚界两部曼荼罗密法有所不同,柳本尊虽然号称持金刚界五部法轮,却完全不具备金刚界密法的严密、纯粹、封闭性。相反,从大足宝顶山造像判断,其教义融合了各种流行思想,除了密宗崇奉的毗卢佛、十大明王和柳本尊像,宋代流行的华严、净土、禅宗等其他信仰也被纳入其中,各种现实考虑和世俗需求也体现在宝顶山道场的造像中,如父母恩重经变相、大方便佛报恩经变相为迎合主流价值观而开凿,是外来佛教为融入以孝为本的宗族社会而作出的积极调整,又如风雨雷电神、孔雀明王经变相都是针对农业社会祈雨的需求而开凿的。

护法神像的流行也与宗教世俗化的发展趋势有关。随着人们需求的增多和细化,一方面新的神被创造出来,另一方面已有的神的地位提升,为佛分担各种职能,以满足人们祈雨、求子等多种需求。

四、个人对大足、安岳护法神像的影响

以上均为影响大足、安岳宋代护法神像的宏观因素,不可忽视的还有参与造像活动的赞助人与工匠,虽然他们的作用具有更多的偶然性,但是每一尊造像的内容、图像、风格都经其设计、制作完成,讨论这些个案有助于我们还原造像的产生机制,理解具体的历史情境。

---

① 宋史记载"蜀民尚淫祀,病不疗治,听于巫觋"。见脱脱. 李惟清传［M］//宋史卷二百六十七·列传第二十六. 北京:中华书局, 2014: 9216.

大足、安岳护法神像中相关的赞助人有北宋严逊、南宋冯楫和赵智凤。

严逊和赵智凤以一己之力分别主持开凿石篆山石窟和宝顶山石窟，护法神像是石窟整体规划中的一部分。如严逊在设计道、儒龛时，不仅依照佛龛中"佛+弟子"的模式，复制出"老子+真人大法""孔子+弟子"的组合，而且佛龛口两侧设立二金刚力士的样式，也衍生出二道教神将、二儒教神将的组合。在宝顶山，护法神将是赵智凤设计图中的重要部分，数量众多的护法神将被设置在道场内外的多个节点上，身兼护法和护宝顶山道场的双重任务。冯楫在南宋初年于朝廷任职，他赞助护法神像，不仅为私利，也为国家大义。

赞助人之外，对造像影响最大的是工匠。通常情况下，工匠无法选择造像题材，但是具体的造像内容和样式风格在很大程度上由工匠决定。在大足、安岳地区，工匠署名是宋代石刻新出现的特征。据统计，共有26位镌匠留下姓名：伏元俊、伏元信、伏世能、伏小六、伏麟、文昌、文惟简、文惟一、文居礼、文居用、文居安、文居道、文仲璋、文琇、文珆、文珠、文凯、文玠、文孟周、文孟通、文艺、骞忠进、罗复明、胥安和吴完明①。笔者分析这些工匠的签名和造像，发现两个特点。一是工匠多冠以"处士"头衔，如"岳阳处士文惟简""东普攻镌造处士文孟周""攻镌作处士文玠"等。二是镌匠以家族作业为主。这26位镌匠中，文氏最多，有16位留名，伏氏其次，有6位留名。根据题记中记录的亲属关系，16位文氏工匠可划入六代。

从上述两个特点可以推测工匠对造像具有相当的影响力。首先，工匠留名在宋代以前并不多见，这一行为意味着工匠地位的提升。而文氏工匠以"处士"自居，暗示他们并非完全没有独立思想的普通匠人，因为"古之所谓处士者，德盛者也"②，处士在中国文化中多指不出

---

① 张划.大足宋代石刻镌匠考述[J].四川文物，1993(3)：41-46.

② 荀况.荀子.[M].安小兰，译注.北京：中华书局，2007：64.

仕的读书人。鉴于此,他们对造像的影响力显然高于以往的工匠。其次,家族作业有可能促进某些特定造像题材的传播。前人留下的粉本是工匠创作的基础。一个新的题材创作成型以后,会进入家族积累的资源库,在工匠和赞助人互动时,会影响赞助人的题材选择。以文氏家族为例,大足重要的三教造像、佛道混合造像点几乎都留下了他们的名字。在第二代和第三代中,文惟简父子在石篆山、文惟一父子在石门山作业;在第四代中,文仲璋带领侄文玮、文珠开凿妙高山三教窟;在第五代中,文玠在佛安桥、佛儿岩、峰山寺、石佛寺造像;在第六代中,文孟周开凿佛安桥三教窟。文氏工匠的作品包括绝大部分三教造像点(石壁寺除外),而且石篆山、妙高山、佛安桥的三教龛均留下了他们的题记。这意味着三教造像是文氏工匠的"祖传手艺",和他们合作的赞助人无疑会考虑到这一点。

第三节　本章小结暨全书结论

绪论之后,第一章基于田野考察的成果建立大足、安岳宋代护法神像图像资料库,第二章至第五章具体讨论各类造像。至此,这批图像的整体面貌已经逐渐清晰。

本章需要解决两个问题:第一个问题是大足、安岳宋代护法神像具备哪些特点? 第二个问题是这些特点的形成原因是什么?

针对第一个问题,本章考察了同时期相对活跃的另外两个造像点——陕北和敦煌,通过比较三地护法神像,总结出大足、安岳造像的地域特点:一是题材丰富并有创新;二是数量多、位置突出、不乏大体量护法神像;三是密宗道场护法神将数量可观、体量超常;四是造像风格上体现出北方风格和南方风格的碰撞。

　　针对第二个问题，本章从宏观和微观两个层面切入考察。

　　宏观层面主要包括经济政治状况、地理位置和宗教文化。大足、安岳地处两宋时期经济相对发达梓州路，经历北宋初年的战乱之后，直至南宋末年元军进犯之前，这一地区都相对安定，为大规模的造像活动提供了保障，与此同时，距离不远的宋金战争促使了护法神像活动开展。四川位于南北两条丝绸之路的交会点，向北经两京、敦煌，与中亚相通，向南经云南、缅甸，与印度连接，大足、安岳造像吸收了不同路线传来的图像。宗教方面：一是密宗的发展，唐代的四川不仅有长安传来的"正统"密宗，还有柳本尊创建的"川密"，二者在宋代造像中均有体现，后者在大足、安岳的影响尤为明显；二是宋代宗教的世俗化发展及相应的皇室与民间造神运动促进了护法神像类型的日益丰富。

　　微观层面主要指造像赞助人和工匠对造像的影响。赞助人特定的造像意图会推动新的护法神像（组合）产生，工匠家族的积极介入也能影响护法题材的流布。

　　这些宏观、微观因素共同作用，形成了大足、安岳宋代护法神像的地域特点。

　　本书力图呈现宋代四川，尤其是以大足和安岳两地为代表的护法神像的全貌，并以此为基础切入对宋代社会历史的研究。但是，"全貌"实乃一美好愿景，需要承认的是，本书的原始资料来源尚有所欠缺，主要表现为《总录》等前人研究中记录的部分造像和铭文在实际考察时已经漫漶或重塑，无法辨识和考证其原貌。随着时间的推移，这种状况不仅无法逆转，还会进一步恶化。基于此，笔者力争缜密考证，真实还原这些宝贵造像的前世今生。但因涉猎所限，错讹在所难免，在此请方家不吝赐教，笔者也将在后续研究中不断自我批判和扬弃，深化现有研究。

参考文献

古籍类

[1] 曹勋.北狩见闻录[M]//影印文渊阁四库全书:第407册.台北:台湾商务印书馆,1986.

[2] 陈寿.三国志[M]//裴松之,注.2版.北京:中华书局,1982.

[3] 程遇孙.成都文类[M]//影印文渊阁四库全书:第1354册.台北:台湾商务印书馆,1986.

[4] 道藏[M]//影印本.北京:文物出版社,1988.

[5] 段成式.酉阳杂俎[M]//影印文渊阁四库全书:第1047册.台北:台湾商务印书馆,1986.

[6] 郭若虚.图画见闻志[M]//影印文渊阁四库全书:第812册.台北:台湾商务印书馆,1986.

[7] 洪迈.夷坚乙志[M]//续修四库全书:第1265册.上海:上海古籍出版社,2013.

[8] 黄庭坚.豫章黄先生文集[M]//四部丛刊景宋乾道刊本:第986册.上海:商务印务馆,1922.

[9] 黄休复.益州名画录[M].何韫若,林孔翼,注.成都:四川人民出版社,1982.

[10] 黄永武.敦煌宝藏[M].台北:新文丰出版公司,1981.

[11] 家铉翁.则堂集[M]//影印文渊阁四库全书:第1189册.台北:台湾商务印书馆,1986.

[12] 黎靖德.朱子语类[M]//影印文渊阁四库全书:第702册.台北:台湾商务印书馆,1986.

[13] 李焘.续资治通鉴长编[M]//影印文渊阁四库全书:第1117册.

台北：台湾商务印书馆，1986.

[14] 李心传.建炎以来系年要录 [M] // 影印文渊阁四库全书：第325
册.台北：台湾商务印书馆，1986.

[15] 李新.跨鳌集 [M] // 影印文渊阁四库全书：第1124册.台北：台
湾商务印书馆，1986.

[16] 李廌.德隅斋画品 [M] // 影印文渊阁四库全书：第812册.台
北：台湾商务印书馆，1986.

[17] 刘道醇.五代名画补遗 [M] // 影印文渊阁四库全书：第812册.
台北：台湾商务印书馆，1986.

[18] 刘喜海.金石苑 [M] // 续修四库全书：第894册.上海：上海古
籍出版社，2013.

[19] 孟元老.东京梦华录 [M] // 影印文渊阁四库全书：第589册.台
北：台湾商务印书馆，1986.

[20] 张照.秘殿珠林 [M] // 影印文渊阁四库全书：第823册.台北：
台湾商务印书馆，1986.

[21] 倪涛.六艺之一录 [M] // 影印文渊阁四库全书：第838册.台
北：台湾商务印书馆，1986.

[22] 王原祁，孙岳颁，宋骏业，等.佩文斋书画谱 [M] // 影印文渊阁
四库全书：第822册.台北：台湾商务印书馆，1986.

[23] 潜说友.咸淳临安志 [M] // 影印文渊阁四库全书：第490册.台
北：台湾商务印书馆，1986.

[24] 释慧皎.高僧传 [M].汤用彤，校注.汤一玄，整理.北京：中华
书局，1992.

[25] 司马迁.史记 [M].北京：中华书局，1982.

[26] 徐松.宋会要辑稿 [M].影印本.北京：中华书局，1957.

[27] 苏轼.苏轼文集 [M].孔凡礼，点校.北京：中华书局，1986.

[28] 脱脱.宋史 [M].北京：中华书局，2019.

［29］沈钦韩.王荆公文集注［M］.续修四库全书:第1314册.上海:上海古籍出版社,2013.

［30］王充.论衡校注［M］.张宗祥,校注.郑绍昌,标点.上海:上海古籍出版社,2010.

［31］王象之.舆地纪胜:全八册［M］.北京:中华书局,1992.

［32］文同.新刻石室先生丹渊集［M］.台北:学生书局,1973.

［33］宣和画谱［M］//王云五.丛书集成初编.上海:商务印书馆,1936.

［34］荀况.荀子［M］.安小兰,译注.北京:中华书局,2007.

［35］元好问.续夷坚志［M］//续修四库全书:第1266册.上海:上海古籍出版社,2013.

［36］张丑.清河书画舫［M］//影印文渊阁四库全书:第817册.台北:台湾商务印书馆,1986.

［37］张舜民.画墁集［M］//影印文渊阁四库全书:第1117册.台北:台湾商务印书馆,1986.

［38］周复俊.全蜀艺文志［M］//影印文渊阁四库全书:第1381册.台北:台湾商务印书馆,1986.

［39］周密.云烟过眼录［M］.北京:商务印书馆,1939.

［40］祝穆.方舆胜览［M］//影印文渊阁四库全书:第471册.台北:台湾商务印书馆,1986.

［41］宗懔.荆楚岁时记［M］.宋金龙,校注.太原:山西人民出版社,1987.

佛经类

［1］帛尸梨蜜多罗.佛说灌顶七万二千神王护比丘咒经［M］//大正新修大藏经:第21册.东京:大正一切经刊行会,1934.

[2] 不空.药师如来念诵仪轨 [M] // 大正新修大藏经：第19册.东京：大正一切经刊行会，1934.

[3] 达摩笈多.佛说药师如来本愿经 [M] // 大正新修大藏经：第14册.东京：大正一切经刊行会，1934.

[4] 圆照.代宗朝赠司空大辨正广智三藏和上表制集 [M] // 大正新修大藏经：第52册.东京：大正一切经刊行会，1934.

[5] 道世.法苑珠林 [M] // 大正新修大藏经：第53册.东京：大正一切经刊行会，1934.

[6] 道宣.集神州三宝感通录 [M] // 大正新修大藏经：第52册.东京：大正一切经刊行会，1934.

[7] 道宣.四分律删繁补阙行事钞 [M] // 大正新修大藏经：第40册.东京：大正一切经刊行会，1934.

[8] 道原.景德传灯录 [M] // 大正新修大藏经：第51册.东京：大正一切经刊行会，1934.

[9] 德真.净土绀珠 [M] // 卍新纂续藏经：第62册.东京：国书刊行会，1975.

[10] 法云.翻译名义集 [M] // 大正新修大藏经：第54册.东京：大正一切经刊行会，1934.

[11] 佚名.佛说北斗七星延命经 [M] // 大正新修大藏经：第21册.东京：大正一切经刊行会，1934.

[12] 觉禅.觉禅钞 [M].大正新修大藏经：图像部第5册.东京：大正一切经刊行会，1934.

[13] 僧祐.出三藏记集 [M] // 大正新修大藏经：第55册.东京：大正一切经刊行会，1934.

[14] 沙啰巴.药师琉璃光王七佛本愿功德经念诵仪轨供养法 [M] // 大正新修大藏经：第19册.东京：大正一切经刊行会，1934.

[15] 僧就合.大方等大集经 [M] // 大正新修大藏经：第13册.东京：

大正一切经刊行会，1934.

[16] 昙无谶. 金光明经 [M] // 大正新修大藏经：第16册. 东京：大正
一切经刊行会，1934.

[17] 昙秀. 人天宝鉴 [M] // 卍新纂续藏经：第87册. 东京：国书刊行
会，1975.

[18] 图像卷 [M] // 大正新修大藏经：图像部第3册. 东京：大正一切
经刊行会，1934.

[19] 心觉. 别尊杂记 [M] // 大正新修大藏经：图像部第3册. 东京：
大正一切经刊行会，1934.

[20] 玄奘. 阿毗达摩俱舍论 [M] // 大正新修大藏经：第29册. 东京：
大正一切经刊行会，1934.

[21] 玄奘. 药师琉璃光如来本愿功德经 [M] // 大正新修大藏经：第
14册. 东京：大正一切经刊行会，1934.

[22] 一行. 大毗卢遮那成佛经疏 [M] // 大正新修大藏经：第39册. 东
京：大正一切经刊行会，1934.

[23] 义净. 根本说一切有部毗奈耶杂事 [M] // 大正新修大藏经：第
24册. 东京：大正一切经刊行会，1934.

[24] 义净. 南海寄归内法传 [M] // 续修四库全书：第1286册. 上海：
上海古籍出版社，2013.

[25] 俞行敏. 净土全书 [M] // 卍新纂续藏经：第62册. 东京：国书刊
行会，1975.

[26] 赞宁，等. 宋高僧传 [M] // 大正新修大藏经：第50册. 东京：大
正一切经刊行会，1934.

[27] 志磬. 佛祖统纪 [M] // 大正新修大藏经：第49册. 东京：大正一
切经刊行会，1934.

[28] 祖琇. 隆兴编年通论 [M] // 卍新纂续藏经：第75册. 东京：国书
刊行会，1975.

研究类

[1] BAKER J. Sui and early Tang period images of Heavenly King in tombs and temples [J]. Orientations, 1999, 30(4): 53-57.

[2] BAKER J. Vaiśravana and the lokapālas: guardian figures in the art of Turfan and beyond [M] // 新疆吐鲁番地区文物局. 吐鲁番学研究: 第二届吐鲁番学国际学术研讨会论文集. 上海: 上海辞书出版社, 2006: 435-443.

[3] HALL D A. Marishiten: Buddhism and the warrior goddess [D]. Berkerley, CA: University of California, Berkeley, 1990.

[4] HOWARD A F. Summit of treasures: Buddhist cave art of Dazu, China [M]. Trumbull, CT: Weatherhill, 2001.

[5] HOWARD A F. The Dhāraṇī pillar of Kunming, Yunnan: A legacy of esoteric Buddhism and burial rites of the Bai people in the Kingdom of Dali (937-1253) [J]. Artibus Asiae, 1997, 57(1/2): 33-72.

[6] SØRENSEN H H. Buddhist sculptures from the Song Dynasty at Mingshan Temple in Anyue, Sichuan [J]. Artibus Asiae, 1995, 55 (3/4): 281-302.

[7] STEIN A. Innermost Asia: Detailed report of explorations in Central Asia, Kan-Su and Eastern Iran [M]. Oxford: Clarendon Press, 1928.

[8] 刘长久. 安岳石窟艺术 [M]. 成都: 四川人民出版社, 1997.

[9] 安岳县文物管理局. 安岳石刻导览 [M]. 北京: 中国文史出版社, 2008.

[10] 八木春生. 中国仏教美術と漢民族化:北魏時代後期を中心とし て [M]. 京都: 法藏馆, 2004.

[11] 四川省文物管理局, 成都文物考古研究所, 北京大学中国考古

学研究中心,等.巴中石窟内容总录 [M].成都:巴蜀书社,
2006.

[12] 百桥明穗.敦煌的药师经变与日本的药师如来像(摘要) [J].刘
永增,译.敦煌研究,1988(2):45-46.

[13] 柏音.佛教中的十二神兽与狗生肖 [J].佛教文化,2006(1):
107-109.

[14] 田边胜美,前田耕作.世界美術大全集:東洋編第15卷　中央ア
ジア [M].東京:小学館,1999.

[15] 北进一.四川石窟における毘沙門天像の諸相:〔キョウライ〕石
筍山石窟第28号龕像と大足北山石窟仏湾第5号龕像を中心に
[J].表現学部紀要,2002(3).

[16] 蔡子谔.中国服饰美学史 [M].石家庄:河北美术出版社,2001.

[17] 陈明光.大藏佛说守护大千国土经 [J].藏外佛教文献,1998
(1):289-290.

[18] 陈明光.大足宝顶山石窟研究 [J].佛学研究,2000(0):258-277.

[19] 陈士强.密宗史的一则珍贵资料:关于空海和他的《惠果和尚之
碑》 [J].五台山研究,1994(1):6-8.

[20] 陈义孝.佛学常见词汇 [M].银川:宁夏人民出版社,1994.

[21] 陈智勇.因型造势、随势塑形:善化寺二十四诸天彩塑造型艺术
特点 [J].美术研究,2013(1):109-111.

[22] 程民生.论宋代的流动人口问题 [J].学术月刊,2006,38(7):
136-143.

[23] 褚国娟.严逊与北宋石篆山造像 [D].北京:北京大学,2014.

[24] 大足石刻研究院.大足石刻 [M].重庆:重庆出版社,2012.

[25] 党燕妮.毗沙门天王信仰在敦煌的流传 [J].敦煌研究,2005
(3):99-104.

[26] 郑炳林.敦煌归义军史专题研究三编 [M].兰州:甘肃文化出版

社,2005.

[27] 嶋田英誠,中澤富士雄.世界美術大全集[M].东京:小学馆,
     2000.

[28] 邓灿.简述大足石刻护法神造像[J].四川文物,2009(3):85-88.

[29] 堤重男.藥師十二神將の一考察[J].密教研究,1938(第67号:
     特輯佛教美術の研究).

[30] 丁福保.佛教大辞典[M].台北:财团法人佛陀教育基金会,
     2002.

[31] 丁明夷.四川石窟杂识[J].文物,1988(8):46-58.

[32] 段渝.中国西南早期对外交通:先秦两汉的南方丝绸之路[J].
     历史研究,2009(1):4-23.

[33] 敦煌研究院.敦煌石窟内容总录[M].北京:文物出版社,1996.

[34] 古正美.唐代佛教与佛教艺术[M].台北:觉风佛教艺术文化基
     金会,2006.

[35] 樊珂.四川地区毗沙门天王造像研究[D].成都:四川大学,
     2007.

[36] 傅楠梓.中古时期的药师信仰[D].新竹:玄奘大学,2000.

[37] 耿剑.犍陀罗佛传浮雕与克孜尔佛传壁画之"释迦诞生"图像比
     较[J].美术观察,2005(4):90-92.

[38] 宫治昭.涅槃和弥勒的图像学:从印度到中亚[M].李萍,张清
     涛,译.北京:文物出版社,2009.

[39] 苟廷一.巴中南龛毗沙门天王龛浅谈[J].四川文物,2000(4):
     42-45.

[40] 敦煌研究院.2000年敦煌国际学术讨论会文集:纪念敦煌藏经
     洞发现暨敦煌学百年(1900—2000):历史文化卷(上)[M].兰
     州:甘肃民族出版社,2003.

[41] 郭俊叶.托塔天王与哪吒:兼谈敦煌毗沙门天王赴哪吒会图[J].

敦煌研究，2008(3)：32-40.

[42] 何恩之. 四川蒲江佛教雕刻：盛唐时中国西南与印度直接联系的
反映 [J]. 李淞，译. 敦煌研究，1998(4)：47-55.

[43] 姚崇新. 药师与地藏：以大足佛湾第279、281龛造像为中心
[M]//大足石刻研究院. 2009年中国重庆大足石刻国际学术研
讨会论文集. 重庆：重庆出版社，2013：259-279.

[44] 赵伟. 从大足四圣真君造像看其图像的生成及流变 [M]//大足
石刻研究院. 2009年中国重庆大足石刻国际学术研讨会论文集.
重庆：重庆出版社，2013：555-567.

[45] 李淞. 对大足石门山石窟宋代10窟的再认识 [M]//大足石刻研
究院. 2009年中国重庆大足石刻国际学术研讨会论文集. 重庆：
重庆出版社，2013：483-499.

[46] 胡文和. 四川摩崖造像中的《药师变》和《药师经变》[J]. 文博，
1988(2)：51-56.

[47] 胡文和. 四川与敦煌石窟中的"千手千眼大悲变相"的比较研究
[J]. 佛学研究中心学报，1998(3)：291-330.

[48] 胡昭曦. 冯楫的仕宦生涯和崇佛活动 [J]. 中华文化论坛，2004
(1)：70-75.

[49] 黄阳兴. 中晚唐时期四川地区的密教信仰 [J]. 宗教学研究，
2008(1)：107-112.

[50] 霍旭初. 龟兹金刚力士图像研究 [J]. 敦煌研究，2005(3)：1-7.

[51] 贾大泉. 井盐在宋代四川经济及政治中的地位和作用 [J]. 盐业
史研究，1986(1)：23-28.

[52] 贾大泉. 宋代四川经济述论[M]. 成都：四川省社会科学院出版
社，1985.

[53] 金香淑. 南インドのいわゆる「占夢」の仏伝場面について：四天
王の図像を中心に [J]. 仏教藝術，1996(226)：85-115.

[54] 景安宁. 元代壁画：神仙赴会图[M]. 北京：北京大学出版社，2002.

[55] 康文籍. 宋代四川地区民间信仰研究：以祠庙为中心[D]. 重庆：西南大学，2009.

[56] 雷科. 宋代四川商贸地理初探[D]. 广州：暨南大学，2007.

[57] 李柏华. 佛教造佛中的力士像与天王像[J]. 文博，2000(5)：26-31.

[58] 李鼎霞，白化文. 佛教造像手印[M]. 北京：中华书局，2011.

[59] 李峰. 西安地区隋唐墓葬镇墓俑研究[D]. 济南：山东大学，2008.

[60] 李官智. 安岳华严洞石窟[J]. 四川文物，1994(3)：40-43.

[61] 李翎. 毗沙门图像辨识：以榆林25窟前室毗沙门天组合图像的认识为中心[J]. 故宫学刊，2011(1)：180-194.

[62] 李淞. 关于968年京兆府国子监里的《佛道图文碑》[J]. 考古与文物，2011(3)：76-82.

[63] 李淞. 跨过"虎溪"：从明宪宗《一团和气图》看中国宗教艺术的跨文化整合[M]//中山大学艺术史研究中心. 艺术史研究：第11辑. 广州：中山大学出版社，2009：345-378.

[64] 李淞. 长安艺术与宗教文明[M]. 北京：中华书局，2002.

[65] 李淞. 莫高窟第249窟窟顶图像新解[J]. 西北美术，1995(4)：18-22.

[66] 李淞. 陕西古代佛教美术[M]. 西安：陕西人民教育出版社，2000.

[67] 李玉珉. 敦煌药师经变研究[J]. 故宫学术季刊，1990，7(3)：1-40.

[68] 李远国. 神霄九帝与北极四圣考辨[C]//道教思想与中国社会发展进步研讨会第二次会议论文集. 泉州，2003：198-207.

［69］奈良国立博物馆．镰仓の佛像［M］．奈良：奈良国立博物馆，
2014.

［70］林温．南都仏画考［J］．佛教艺术，1992（202）：15-47；1992
（203）：71-87.

［71］鈴木麻里子．山梨·瑜伽寺十二神将像について［J］．仏教藝術，
2000（253）：101-126.

［72］四川省社会科学院，大足县政协，大足县文物管理所，等．大足石
刻内容总录［M］．成都：四川省社会科学院出版社，1985.

［73］龙显昭．巴蜀佛教的传播、发展及其动因试析［J］．西华大学学报
（哲学社会科学版），2009，28（6）：31-47.

［74］罗华庆．敦煌壁画中的《东方药师净土变》［J］．敦煌研究，1989
（2）：5-18.

［75］毛宁．龙门石窟天王力士造像：兼论中国佛教艺术的本土化与世
俗化［J］．新美术，2004，25（4）：41-44.

［76］宁强．巴中南龛第93号毗沙门天王造像龛新探［J］．敦煌研究，
1989（3）：11-15.

［77］彭建兵．敦煌石窟早期密教状况研究［D］．兰州：兰州大学，
2006.

［78］乔建奇．善化寺大雄宝殿金代彩塑的整体布局与塑造语言［J］．
美术研究，2014（2）：103-104.

［79］屈小玲．中国西南与境外古道：南方丝绸之路及其研究述略［J］．
西北民族研究，2011（1）：172-179.

［80］饶宗颐．蜀布与Cinapatta：论早期中、印、缅交通［G］//"中央研
究院"史语所集刊编委会．"中央研究院"历史语言研究所集刊：
第45本第4分．广州："中央研究院"历史语言研究所，1974：
561-584.

［81］沙武田．敦煌画稿研究［M］．北京：民族出版社，2006.

[82] 上野照夫,小林刚.四天王の表情 [J].仏教藝術,1960(44).

[83] 沈伟.武当山五龙宫青龙白虎塑像及其制作年代 [J].美术研究,2008(2):45-51.

[84] 史文瑶.唐代四川安岳石窟中的《药师变》和《药师经变》研究 [D].上海:华东师范大学,2014.

[85] 松本荣一.敦煌画の研究 [M].京都:同朋舍,1937.

[86] 松元文三郎.兜跋毗沙门天考 [J].金申,译.敦煌研究,2003(5):36-43.

[87] 宿白.中国石窟寺研究 [M].北京:文物出版社,1996.

[88] 孙燕.唐墓的守护神:天王俑 [J].文物世界,2008(4):27-28.

[89] 臺信祐尔.敦煌の四天王图像:东京国立博物馆纪要27 [M].东京:东京国立博物馆,1991.

[90] 唐毅烈.大足宝顶菩萨堡摩崖造像考述 [J].四川文物,1996(3):45-46.

[91] 奈良国立博物馆.醍醐寺のすべて [M].奈良:奈良国立博物馆,2014.

[92] 田边胜美.毗沙门天像の诞生 [M].东京:吉川弘文馆,1999.

[93] 田边胜美.鬼子母神と石榴 [J].大和文華,1999(101):34-35.

[94] 田峰.于阗毗沙门天王信仰研究 [J].西北民族大学学报(哲学社会科学版),2013(4):35-39.

[95] 王广智.新疆出土怯卢文残卷译文集 [G].乌鲁木齐:中国科学院新疆分院民族研究所.

[96] 王惠民.敦煌曹氏归义军时期洞窟的营建 [EB/OL](2015-04-21)[2023-05-24].http://public.dha.ac.cn/Content.aspx?id=9602-77272258&Page=9&types=1.

[97] 王惠民.隋至唐前期敦煌药师图像考察 [M]//中山大学艺术史研究中心.艺术史研究:第2辑.广州:中山大学出版社,2000:

293-327.

［98］王慧慧.佛传中的洗浴太子:从经文到图像的转变［J］.敦煌研究,2014(6):1-7.

［99］王菊耳.辽代无垢净光舍利塔地宫四天王壁画初探［J］.北方文物,1988(4):46-52.

［100］王巧莲,杜平.一座浮雕药师佛及十二神将的石香炉［J］.文物春秋,2003(3):60-62.

［101］王熙祥,曾德仁.四川资中重龙山摩崖造像［J］.文物,1988(8):19-30.

［102］王玉.重庆地区元明清佛教摩崖龛像［J］.考古学报,2011(3):411-442.

［103］王玉冬.半身形像与社会变迁［M］//中山大学艺术史研究中心.艺术史研究:第6辑.广州:中山大学出版社,2004:5-70.

［104］王志霞.隋唐两京陶俑艺术初探［D］.郑州:郑州大学,2007.

［105］武笠朗.兵庫・東山寺蔵石清水護国寺旧在の大江匡房奉納真快作十二神将像［J］.仏教藝術,1992(203):71-87.

［106］萧登福.道家道教影响下的佛教经籍［M］.台北:新文丰出版公司,2005.

［107］萧吉.五行大义［M］.台北:武陵出版有限公司,1992.

［108］谢继胜.榆林窟15窟天王像与吐蕃天王图像演变分析［J］.装饰,2008(6):54-59.

［109］新井慧誉.《藥師經》の傳える十二神將［J］.印度學佛教學研究,1971,20(2):264-268.

［110］重庆市文化局,重庆市博物馆,徐文彬,等.四川汉代石阙［M］.北京:文物出版社,1992.

［111］金维诺,罗世平.中国宗教美术史［M］.南昌:江西美术出版社,1995.

[112] 岩田茂樹. ヴェネツィア東洋美術館蔵木造十二神将立像(二躯) [J]. 鹿園雜集, 2002(4): 45-58.

[113] 杨洁. 试论西安、洛阳地区唐墓出土的武士俑、天王俑 [D]. 西安：西北大学, 2007.

[114] 杨洁. 唐代镇墓天王俑的佛教世俗化因素考略：兼谈两京地区的差异 [J]. 四川文物, 2009(5): 37-42.

[115] 姚崇新. 试论广元、巴中两地石窟造像的关系：兼论巴中与敦煌之间的古代交通 [J]. 四川文物, 2004(4): 63-70.

[116] 永井信一. 中国の藥師像 [J]. 仏教藝術, 1985(195).

[117] 袁志伟. 大同善化寺二十四诸天像考辨 [J]. 世界宗教研究, 2011(4): 31-47.

[118] 源丰宗. 兜跋毗沙門天像の起源 [J]. 仏教美術, 1930(15): 417-461.

[119] 曾德仁. 四川安岳石窟的年代与分期 [J]. 四川文物, 2001(2): 53-59.

[120] 张邦炜, 贾大泉. 宋代四川经济发展的不平衡性 [J]. 西南师范大学学报(人文社会科学版), 1989, 15(2): 96-103.

[121] 张聪. 毗沙门天王持物考 [D]. 南京：南京艺术学院, 2014.

[122] 张光福. 关于尉迟乙僧的《天王图》 [J]. 考古与文物, 1982(5): 105-112.

[123] 张划. 大足宋代石刻镌匠考述 [J]. 四川文物, 1993(3): 41-46.

[124] 张明远. 善化寺大雄宝殿彩塑艺术研究 [M]. 北京：人民美术出版社, 2011.

[125] 张明远. 善化寺辽金彩塑艺术的历史人文价值 [J]. 中国国家博物馆馆刊, 2011(5): 69-82.

[126] 张鹏. 毗沙门天与鼠 [J]. 西域研究, 2012(1): 93-100.

[127] 张文卓. 宋元明清时期《金刚经》的流传及其特点 [J]. 中南大学

学报（社会科学版），2013，19（3）：134-139.

［128］敦煌研究院.2004 年石窟研究国际学术议论文集（上）［M］.上海：上海古籍出版社，2006.

［129］张星烺.中西交通史料汇编：第 2 册［M］.朱杰勤，校订.北京：中华书局，2003.

［130］莫东寅.汉学发达史［M］.影印本.上海：上海书店，1989.

［131］张永安.敦煌毗沙门天王图像及其信仰概述［J］.兰州大学学报（社会科学版），2007，35（6）：58-62.

［132］赵声良.飞天新论［J］.敦煌研究，2007（3）：12-17.

［133］赵伟.永乐宫三清殿壁画北极四圣考［J］.美术研究，2014（1）：45-48.

［134］郑立君.试析南京栖霞寺舍利塔天王、力士造像的特点与风格［J］.东南大学学报（哲学社会科学版），2002，4（5）：102-105.

［135］重庆大足石刻艺术博物馆，重庆市社会科学院大足石刻艺术研究所.大足石刻铭文录［M］.重庆：重庆出版社，1999.

［136］猪川和子.地天に支えられた毘沙門天彫像［J］.美術研究，1963（229）：11-31.

［137］佐藤有希子.敦煌吐蕃时期毗沙门天王像考察［J］.牛源，译.敦煌研究，2013（4）：33-41.

［138］佐佐木刚三.兜跋毗沙門天像についての一考察［J］.美術史，1960（38）：57-65.